おうちで完全マスター!

「算数の教え方」がわかる本

新装版

小学校6年間・全学年に対応

京都産業大学理学部数理科学科教授
牛瀧 文宏 監修
子ども学力向上研究会 著

JN275394

Mates - Publishing

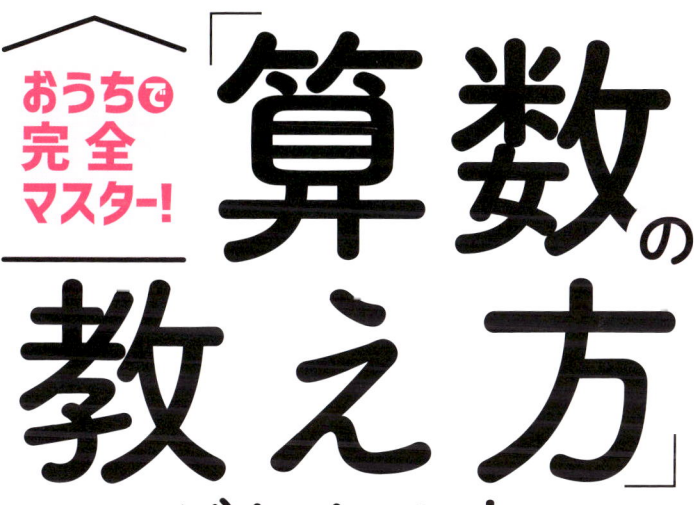

はじめに

小学校の６年間で学ぶ算数の内容は、
本当にたくさんあります。
本書では、その中でも子どもたちがつまずきやすいところ、
ゆっくり、ていねいに教えてあげたいところ、
そして中学の数学にもつながるので、ぜひともおさえなければならないところ
などを中心に項目を選びました。
また、パパやママがお子さんに教えられるときに、
つかんでおきたいコツや、大人が誤解しそうなところなども
分かりやすく解説しています。
2020年からの学習指導要領にあわせた内容になっています。
一部、学年をまたいで記載したところがありますが、
教科書と比較していただければと思います。
算数は、私たちが暮らしていく上で、
数や形や量など必ず知っておかなければならない知識の集まりです。
日ごろのさまざまな計算は言うに及ばず、
ニュースを読むときに必要な表やグラフを読む力も
実は算数でつちかわれるのです。
子どもたち自身もそういうことを知っているのか、
「算数の学習は大事だ」という意見が多いのには驚きます。
本書が、そんな子どもたちが算数により親しむための手助けになればと思います。
教科書を開き、本書片手に、どうぞ、お子さんと一緒に
算数とにらめっこしてみてください。
きっと、パパやママにとっても再発見があるはずです。
算数のよさとおもしろさをご家族で体験していただければと思います。

監修　牛瀧 文宏

※本書は2019年発行の『おうちで完全マスター！「算数の教え方」がわかる本 改訂版 小学校6年間・全学年に対応』に加筆・修正を行い、装丁を変更した「新装版」です。

「おうちで完全マスター！　算数の教え方がわかる本」の

使い方ポイント

本書は、小学生のお子さんをお持ちのパパとママに、
どういうふうにご家庭で算数を教えればいいのかを分かりやすく解説した手引きです。
算数を学習する中で重要かつ子どもがつまずきやすい箇所を学年別に紹介しています。
下の使い方にそって、お子さんとともに学習してみてください。

項目ごとの分かりやすい解説

基本的な概念や学校での教え方などをまとめました。まずはここを読んでみてください。とくに低学年では、算数の根本的な考え方が大切なので、この部分をよく読んでから例題に進みましょう。

すべての説明が図解入り

どの問題もイラストや図をたくさん入れながら解説しているので、ぱっと見るだけですぐに理解できます。また左の囲みの説明は、会話文になっており、そのまま読んで子どもに教えることができます。

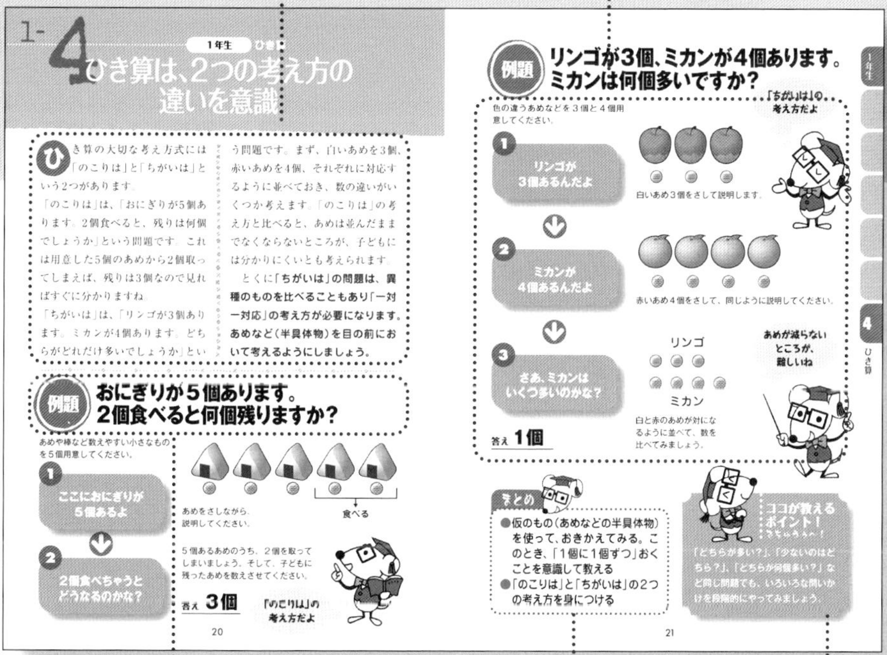

1-4　1年生　ひき算

ひき算は、2つの考え方の違いを意識

ひき算の大切な考え方式には「のこりは」と「ちがいは」という2つがあります。

「のこりは」は、「おにぎりが5個あります。2個食べると、残りは何個でしょうか」という問題です。これは用意した5個のあめから2個取ってしまえば、残りは3個なので見ればすぐに分かりますね。

「ちがいは」は、「リンゴが3個あります。ミカンが4個あります。どちらがどれだけ多いでしょうか」という問題です。まず、白いあめを3個、赤いあめを4個、それぞれに対応するように並べておき、数の違いがいくつか考えます。「のこりは」の考え方と比べると、あめは並んだままでなくならないところが、子どもには分かりにくいとも考えられます。

とくに**「ちがいは」の問題は、異種のものを比べることもあり「一対一対応」の考え方が必要になります。あめなど（半具体物）を目の前において考えるようにしましょう。**

例題　**おにぎりが5個あります。2個食べると何個残りますか？**

あめや棒など数えやすい小さなものを5個用意してください。

1 ここにおにぎりが5個あるよ

2 2個食べちゃうとどうなるのかな？

あめをさしながら、説明してください。

食べる

5個あるあめのうち、2個を取ってしまいましょう。そして、子どもに残ったあめを数えさせてください。

答え　**3個**

「のこりは」の考え方だよ

20

例題　**リンゴが3個、ミカンが4個あります。ミカンは何個多いですか？**

色の違うあめなどを3個と4個用意してください。

1 リンゴが3個あるんだよ

白いあめ3個をさして説明します。

2 ミカンが4個あるんだよ

赤いあめ4個をさして、同じように説明してください。

3 さあ、ミカンはいくつ多いのかな？

リンゴ

ミカン

白と赤のあめが対になるように並べて、数を比べてみましょう。

答え　**1個**

「ちがいは」の考え方だよ

あめが減らないところが、難しいね

まとめ

- 仮のもの（あめなどの半具体物）を使って、おきかえてみる。このとき、「1個に1個ずつ」おくことを意識して教える
- 「のこりは」と「ちがいは」の2つの考え方を身につける

ココが教えるポイント！

「どちらが多い？」、「少ないのはどちら？」、「どちらが何個多い？」など同じ問題でも、いろいろな問いかけを段階的にやってみましょう。

4　ひき算

21

基本の問題を実践しよう

各項目につき1～3問取りあげている例題を、実際お子さんと一緒に解いてみましょう。どう説明すればいいかは、ステップごとにまとめてありますから、算数が苦手なパパやママでもこれさえ見ればバッチリです。

「まとめ」で要点をチェック！

各項目の大切な要点をまとめました。子どもが苦手なポイントや教える上でパパやママがおさえておきたい内容です。ページを読んだ最後にもう一度確認してみてください。

ぜひ活用したい「教えるコツ」

ちょっとした教え方の違いが、子どもにとって理解しやすいことがあります。そんな算数を教える上でのコツをご紹介！

これですべて！ パパとママも復習しましょう

小学校で覚えておきたい

図形の公式

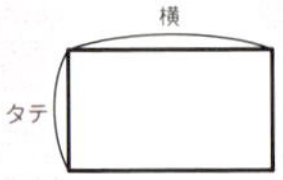

長方形の面積
＝タテ×横

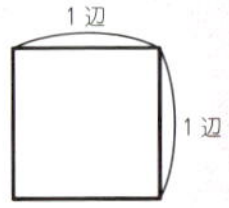

正方形の面積
＝1 辺×1 辺

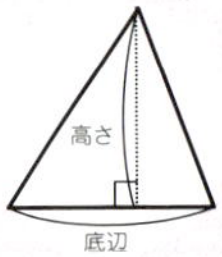

三角形の面積
＝底辺×高さ÷2

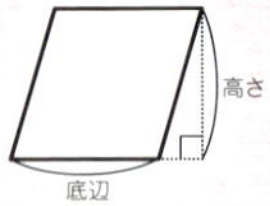

平行四辺形の面積
＝底辺×高さ

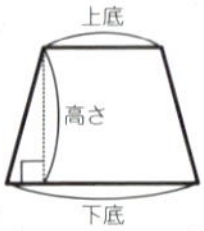

台形の面積
＝（上底＋下底）×
高さ÷2

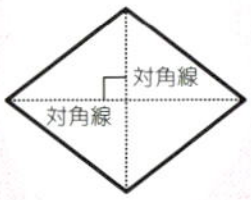

ひし形の面積
＝対角線×対角線÷2

円の公式

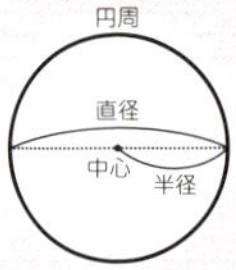

円周率**＝円周÷直径　（円周率＝約3.14）**
円周**＝直径×円周率**
円の面積**＝半径×半径×円周率**

角度

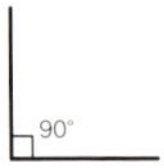

直角**＝90°**

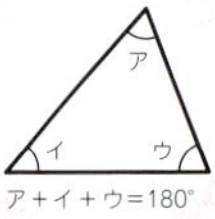

三角形のすべての
角の和
＝180°

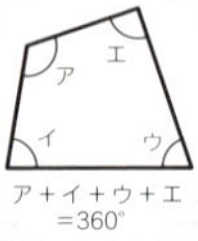

四角形のすべての
角の和
＝360°

体積の公式

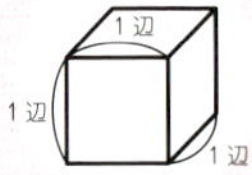

立方体の体積
＝1 辺×1 辺×1 辺

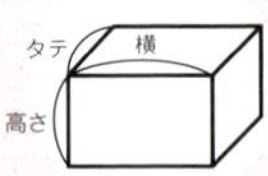

直方体の体積
＝タテ×横×高さ

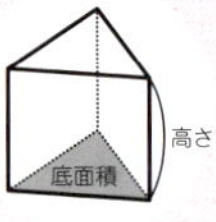

角柱・円柱の体積
＝底面積×高さ

公式集

小学校の６年間で習う公式を
集めてみました。
パパやママもこれを見ながら、
頭の中を整理してみてください。

速さの公式

速さ＝**道のり÷時間**

道のり＝**速さ×時間**

時間＝**道のり÷速さ**

割合の公式

割合
＝比べる量÷もとにする量

比べる量
＝もとにする量×割合

もとにする量
＝比べる量÷割合

平均の公式

平均＝**合計÷個数**

合計＝**平均×個数**

個数＝**合計÷平均**

単位あたりの大きさ

全体量
＝１あたりの量×いくつ分

割合・歩合・百分率

１＝10割＝100％

0.1＝１割＝10％

0.01＝１分＝１％

0.001＝１厘＝0.1％

単位

長さの単位

1㎝＝10㎜

1ｍ＝100㎝

1㎞＝1000ｍ

面積の単位

1㎡＝10000㎠

1ａ＝100㎡

1ha＝100ａ

1㎢＝100ha

かさと体積の単位

1㎤＝1000㎣

1㎥＝1000000㎤

1L＝10dL＝1000mL

1㎤＝1mL

重さの単位

1g＝1000mg

1kg＝1000g

1t＝1000kg

時間の単位

１分＝60秒

１時間＝60分

１日＝24時間

１週間＝７日

１年＝365日

（４年に一回のうるう年＝366日）

※今回の改訂でリットルはℓからLに変わりました

単位ボックスを使えば、
単位の変換も
ラクラク！……………………

ぜひ使いたい

小学校6年間の中で、長さ、面積、体積などいろいろな単位を学習します。
その中でも、単位を変換する作業は、子どもにとって苦手な部分です。
習いたては理解できても、少し時間がたつと忘れてしまったり、
文章題で他の項目とあわせて出題されると、混乱してしまうことが多いといえます。
そこで、本書では「単位ボックス」という裏技をご紹介します。
ひと目で単位の変換が分かりますから、ぜひ活用してみてください。

単位ボックスとは？

この「単位ボックス」という単位変換の方法は、教科書に紹介されないので、パパやママ自身も小学校で習ったという方は少ないかもしれません。しかし、これを知っていれば、子どもがつまずく単位の変換が簡単にできてしまいます。

単位ボックスの仕組み

単位ボックスは、下の図のように書きます。基本になるのは「長さ」のボックスです。「長さ」の図にある1つのボックス（最小のボックス）を、2つに分けることで「面積」のボックスになり、3つに分けることで「体積」のボックスができあがります。求めたい「長さ・面積・体積」に応じて、この3パターンのボックスを使い分けてください。

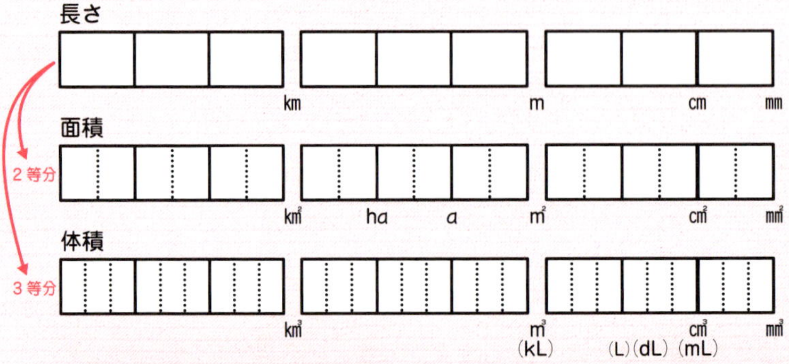

※単位の位置も覚えましょう。

使ってみよう！

1㎞を m になおす場合

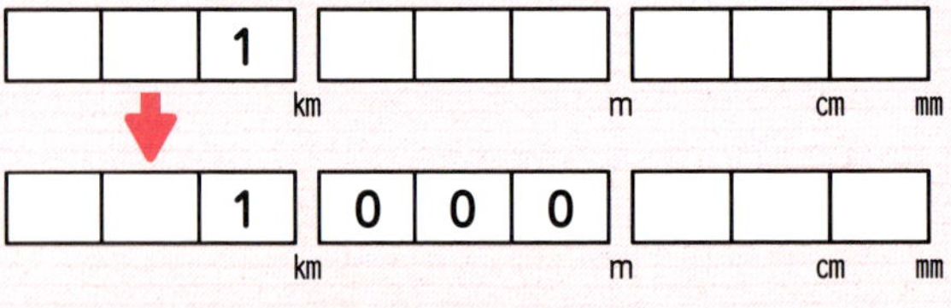

❶ 1㎞の 1 を㎞のボックスのところに書きます。
❷なおしたい単位（m）のボックスまで 0 を書き入れます。
❸「1000」なので、答えは 1000m になります。

答え：1㎞＝1000m

単位の裏技

こんなすごい方法があったんだね！

0.1㎡を㎠になおす場合

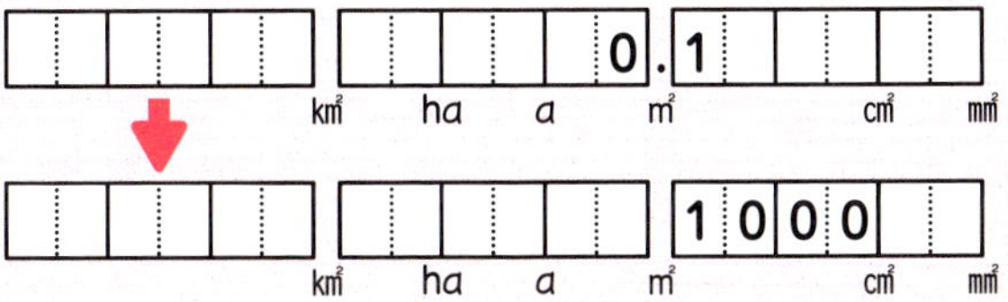

❶0.1㎡の0.1を㎡のボックスのところに書きます。
❷なおしたい単位（㎠）のボックスまで0を書き入れます。
❸「1000」なので、答えは1000㎠になります。

答え：0.1㎡＝1000㎠

1Lを㎥になおす場合

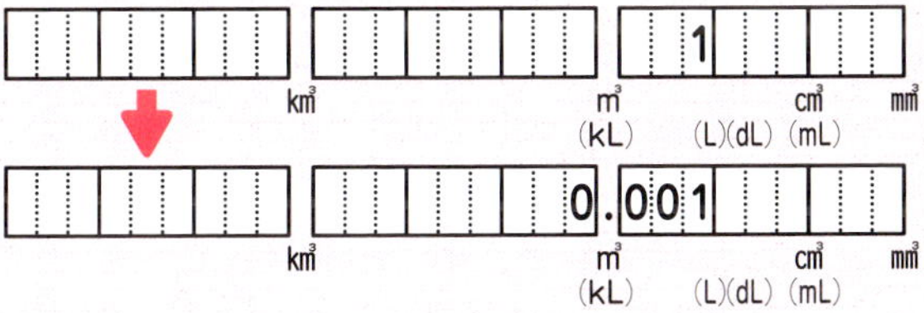

❶1Lの1をLのボックスのところに書きます。
❷なおしたい単位（㎥）のボックスまで0を書き入れます。
❸大きな単位になおす場合は、㎥のところに小数点をうち「0.001」と小数になおします。

答え：1L＝0.001㎥

1aが1辺何mの正方形の面積か知りたい

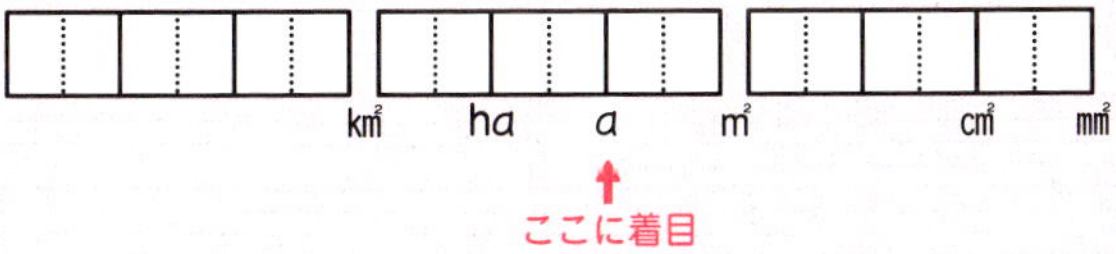

❶aの区切り線はもとの「長さ」のボックスの何の区切りか見ます。
❷それは10mの区切り線なので、1aは1辺10mの正方形の面積です。

答え：10m

1Lが1辺何cmの立方体の体積か知りたい

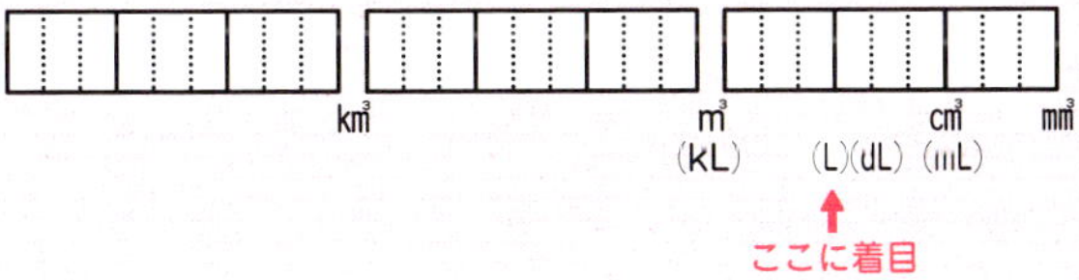

❶1Lの区切り線はもとの「長さ」のボックスの何の区切りか見ます。
❷それは10cmの区切り線なので、1Lは1辺10cmの立方体の体積です。

答え：10cm

※「重さ(g)」は、「長さ」と同じボックスを使ってください。

重さ

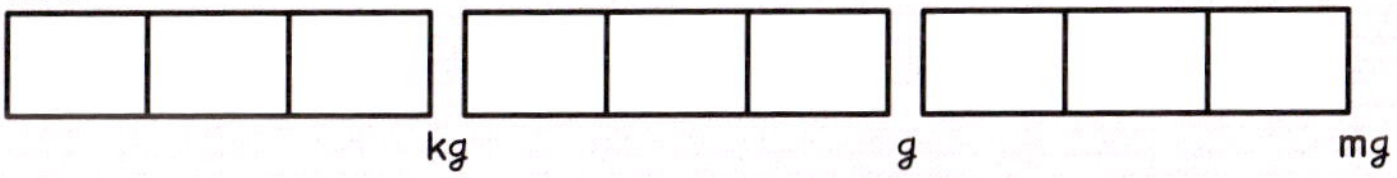

もくじ

1年生

2年生

3年生

4年生

5年生

6年生

COLUMN 1

反対の言葉を探すことで、文章問題が出来る子に！！

「算数は計算以外に、文章問題もあるし……。自分も子どもの頃は苦手だったなあ。うちの子は大丈夫だろうか」と思っておられるパパやママはいらっしゃらないでしょうか。

文章問題は文章を読み取って式を作り、そしてようやく答えにたどり着くので、子どもにとってはなかなか難しいものです。図をかいて考えましょうと言われても、そもそも図がかけないこともあるものです。そんな文章問題への苦手意識を減らすために、1年生のうちから子どもさんと一緒にやって欲しいことがあります。それは「反対の言葉を探す」ことです。反対の言葉とは、「大きい」と「小さい」や「行く」と「来る」のような言葉のことですね。

文章問題の中には、「兄は弟より何cm背が高いでしょう。」といった比較の問題があります。比較できるということは、「広い」と「狭い」、「高い」と「低い」のように反対語があるということです。また、数量の増減は「乗る」と「降りる」のような反対の動作と結びつきます。この反対語のペアーを数の大小や線の長短に抽象化して置き換えたものが式や図なのです。そして、反対の言葉を数の大小や変化に置き換えられる力は、掛け算を学習するまでの低学年で重要です。

なお中には、たとえば大小だと「大きい、小さい」以外に「普通」というのを持ち出す子もいます。そういうときには、「ティッシュの箱はダンボール箱より小さいとはいうけど、普通とは言わないよね」とでも言って、「大きい、小さい」が比較の時に使う言葉だということをわからせてあげてください。

1年生

さあ、算数のスタートです。
まずは数に慣れることから
はじめて、たし算やひき算など
算数の基本を覚えていきましょう。
身のまわりにあるものを
例に使って、子どもと一緒に
楽しみながら学んでください。

1-1

1年生　数

「数」を教えるときは、仮のものにおきかえて

「数」は、とても抽象的な考え方です。たとえば「3」それ自体はどこにもなく、実際にあるのは「リンゴ3個」だったり、「えんぴつ３本」です。つまり、「3」とは共通で持つ概念のことをさしているのです。

まずは、身近にあるものを使って教えましょう。たとえばリンゴを３個、えんぴつを３本机に並べ、それぞれのとなりにあめをおいてみてください。これは、**「１個に１個ずつ」対応させるという考え方で、算数では「一対一対応」といい、数を理解する上で、大切な考え方です。**

次に、両方におかれたあめの数を数えると、どちらも「3個」あることが分かりますね。そこで、「これが3という意味よ。数字で書くと3と書くのよ」と教えましょう。

このあめは、リンゴやえんぴつなど実際の「もの（具体物）」と「数」の間にあるので「半具体物」と呼び、文章題などを解くときにも重要です。

例題　リンゴとえんぴつは、いくつあるかな？

「数」は目に見えないので、見えるものを使って考えましょう。リンゴやえんぴつなど形の違うものを３個ずつ、あめや棒など小さくて数えやすいものを６個用意してください。

1

リンゴとえんぴつがあるよ

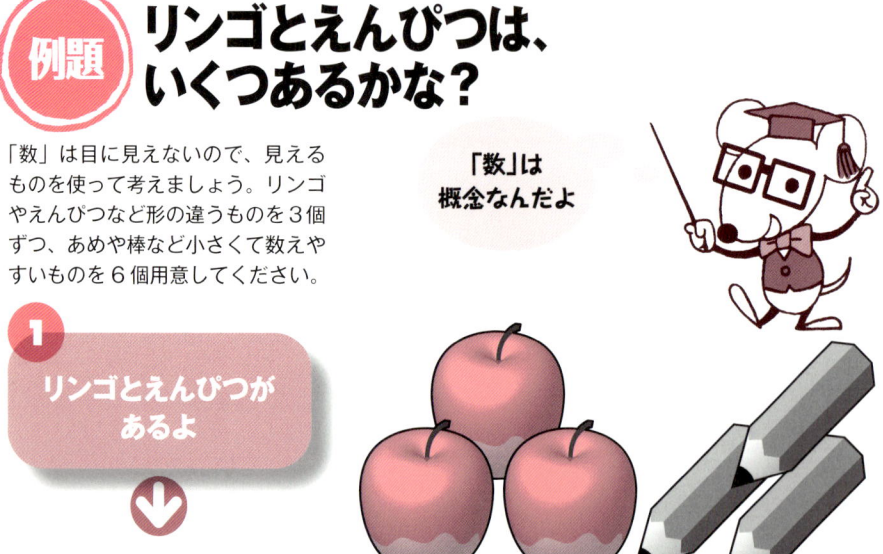

2 リンゴとえんぴつの下に、あめをおいてみようね

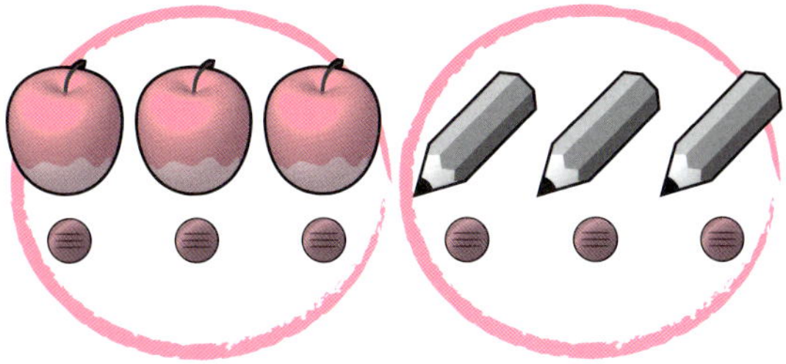

それぞれの下に、あめを「1個ずつ」おきます。

3 あめが、1個、2個、3個。リンゴは3個あるんだね。えんぴつも3個だね。これを「3」というんだよ

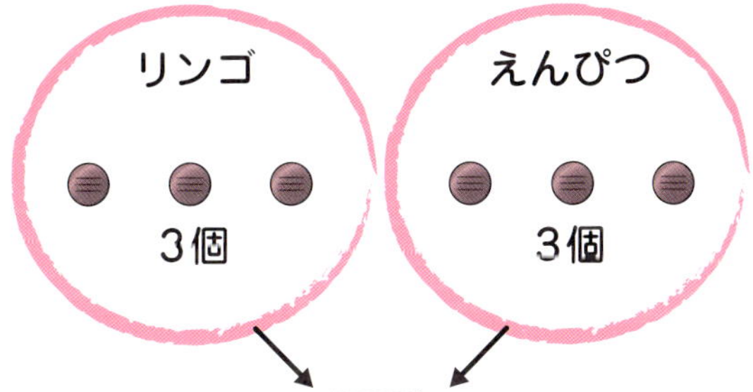

あめ（半具体物）を使うことで、リンゴもえんぴつも同じ3個（本）であることを教えます。

3

答え リンゴ3個、えんぴつ3本

ココが教えるポイント！ でちゅうぅ〜！

算数では、算用数字を使って位取り記数法（P30参照）で数を表します。子どもはこれら数自体に慣れていないので、数に親しむことからはじめましょう。

まとめ

- 「1個に1個ずつ」あめをおくのが大切（一対一対応といいます）
- 数の概念を教えるときは、実際のもの（具体物）の代わりにあめや棒、タイルなど（半具体物）を使って説明する

1-2

1年生　何番目

「順序」と「個数」を混同しないように

私たちは何番目にあるかを調べるとき、基準をきめて「上から何番目」とか「下から何番目」といういい方をします。このときの数は、「順序」としての数です。

そして、数え終わったとき、最後の順番が全体の数になります。10で終われば、そこに10あるということですね。このときの10は「順序」ではなく「個数」を表しています。

このように数には、「順序」と「個数」の2つの意味があるので、パパやママもそれを理解した上で説明してください。

また、上からでも、右からでも（一度ずつ）数えていけば、同じ数で終わるということを大人は経験から知っていますが、気づかない子どももいるので、**「どこから数えても同じ数になる」ということを経験させてください。**

「前から何番目」「上から何番目」などの質問を通して、前後左右上下の考え方も身につけましょう。

例題　動物たちが並んでいます。うさぎは前から何番目ですか？

1

うさぎは
どこにいるかな？
これは、さるで
これはペンギン…

絵を見ながら、どんな動物がいるのか見てみましょう。
そして、うさぎをさがしてみてください。

2

ここにいるね。
前はどっちかな？
前から数えると…
1番目は、りす、
2番目がうさぎだね

前がどちらか確認してください。次に前から順にどんな動物がいるか確認していきましょう。

答え　前から2番目

例題　動物たちが並んでいます。さるの前には何匹いますか？

1

さるは前から
何番目にいるのかな？

絵を見ながらさるの位置を確認してください。そして、まずさるが前から何番目にいるか数えましょう。

2

4番目だね。その前
には何がいるのかな？
1番目がりす、2番目が
うさぎ、3番目がねこ。
じゃあ、さるの前は
何匹いるのかな

さるの前の動物（りす、うさぎ、ねこ）を数えてみてください。さるが前から4番目であることから、さるの前に4匹いるとかんちがいする子もいるので注意してください。

答え　3匹

まとめ

- どこから数えても、全体の数は、同じ数になることを試してみる
- 机の上だけでなく、「左はどっち？」「この本は、後ろから何番目？」など日常の生活の中でも、順序の感覚を身につける

1-3

1年生　たし算

たし算は「あわせて」から「ふえると」へ進む

たし算の大切な考え方には、実は「あわせて」と「ふえると」という2つがあります。

「あわせて」は、「赤い花が2本、白い花が3本あります。あわせていくつですか」という問題。この場合、あめを右手に2個、左手に3個持ち、両手のあめをあわせて「いくつになるか」を数えてみましょう。

もう一方の「ふえると」は、「鳥が2羽とまっていました。そこに3羽きてとまると何羽になりますか」という問題です。この場合は、机の上にあめを2個おき、「あとから3羽きたよ」と離れたところから別のあめを3個持ってきて「いくつになったか」を数えてください。

「あわせて」のときは、一度に様子をとらえることができますが、「ふえると」のときは、変化をともなうので少し難しく感じます。**説明するときは、まず「あわせて」の考え方を徹底してから、「ふえると」に進むといいでしょう。**

例題　赤い花が2本、白い花が3本あります。全部で何本？

あめや棒など数えやすい小さなものを5個用意してください。

1 これが赤い花ね

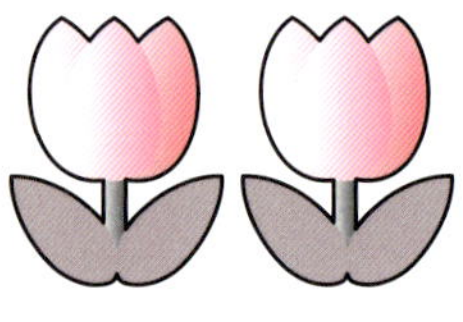

右手にあめを2個持ちます。

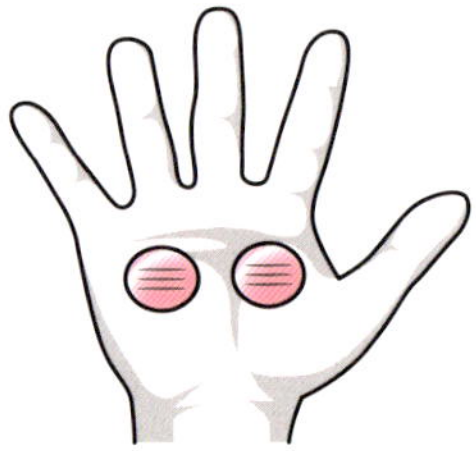

↓

2 これが白い花ね

左手にあめを3個持ちます。

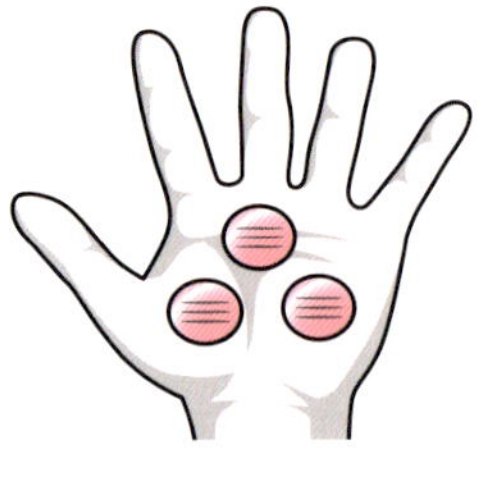

↓

3 さあ、いくつになるかな？

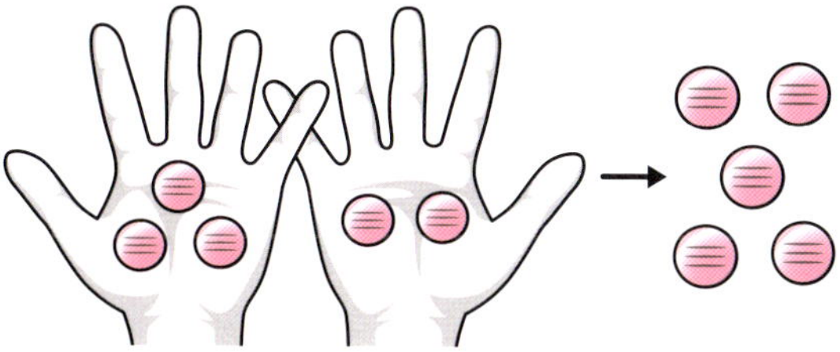

両手のあめを同時に見せて、子どもに数えさせてみましょう。

答え 5本

「あわせて」の考え方だよ

例題 木に小鳥が2羽います。あとから3羽やってきました。あわせて何羽になったでしょう？

1 ここに小鳥さんが2羽いるのね

机の上にあめを２個おき、小鳥と仮定して説明してください。

2 後から小鳥さんが3羽やってきたんだよ

3 さあ、小鳥さんは何羽になったのかな？

少し離れたところからあめ３個を移動させながら、はじめの２個の横にあわせます。

答え 5羽

「ふえると」の考え方だよ

まとめ

- たし算は、一度で様子をとらえやすい「あわせて」と変化をともなう「ふえると」の2つの考え方があることを理解する
- まずは、「あわせて」から教え、次に「ふえると」に進む

1-4

1年生　ひき算

ひき算は、2つの考え方の違いを意識

ひき算の大切な考え方式には「のこりは」と「ちがいは」という2つがあります。

「のこりは」は、「おにぎりが5個あります。2個食べると、残りは何個でしょうか」という問題です。これは用意した5個のあめから2個取ってしまえば、残りは3個なので見ればすぐに分かりますね。

「ちがいは」は、「リンゴが3個あります。ミカンが4個あります。どちらがどれだけ多いでしょうか」という問題です。まず、白いあめを3個、赤いあめを4個、それぞれに対応するように並べておき、数の違いがいくつか考えます。「のこりは」の考え方と比べると、あめは並んだままでなくならないところが、子どもには分かりにくいとも考えられます。

　とくに**「ちがいは」の問題は、異種のものを比べることもあり「一対一対応」の考え方が必要になります。あめなど（半具体物）を目の前において考えるようにしましょう。**

例題　おにぎりが5個あります。2個食べると何個残りますか？

あめや棒など数えやすい小さなものを5個用意してください。

1 ここにおにぎりが5個あるよ

2 2個食べちゃうとどうなるのかな？

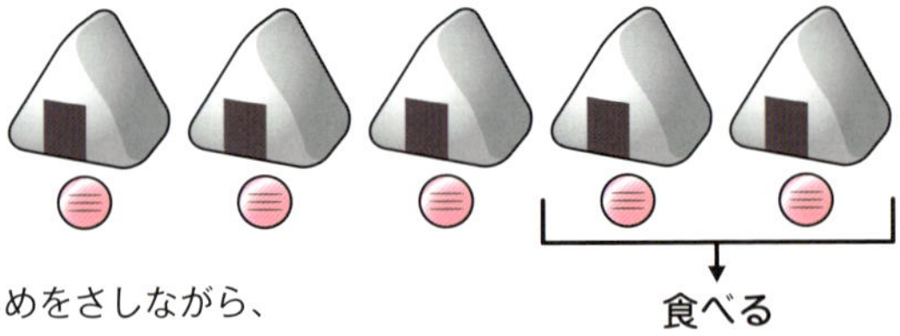

あめをさしながら、説明してください。

5個あるあめのうち、2個を取ってしまいましょう。そして、子どもに残ったあめを数えさせてください。

答え　3個

例題 リンゴが3個、ミカンが4個あります。ミカンは何個多いですか？

色の違うあめなどを3個と4個用意してください。

1 リンゴが3個あるんだよ

白いあめ3個をさして説明します。

2 ミカンが4個あるんだよ

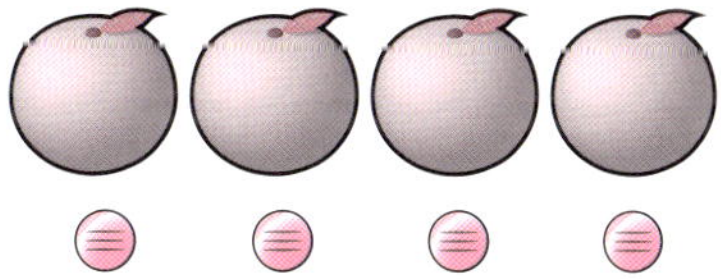

赤いあめ4個をさして、同じように説明してください。

3 さあ、ミカンはいくつ多いのかな？

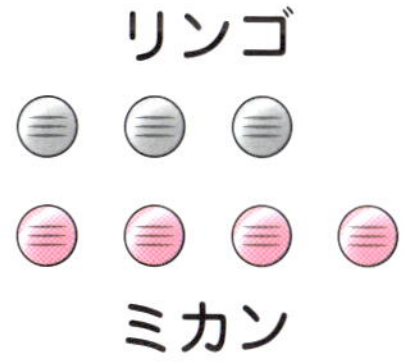

白と赤のあめが対になるように並べて、数を比べてみましょう。

答え 1個

まとめ

- 仮のもの（あめなどの半具体物）を使って、おきかえてみる。このとき、「1個に1個ずつ」おくことを意識して教える
- 「のこりは」と「ちがいは」の2つの考え方を身につける

ココが教えるポイント！でちゅうう〜！

「どちらが多い？」、「少ないのはどちら？」、「どちらが何個多い？」など同じ問題でも、いろいろな問いかけを段階的にやってみましょう。

1-5

1年生　くり上がりのあるたし算

くり上がりのあるたし算は、まず「10を作る」

くり上がりのあるたし算で大切なのは、「あといくつで10になるか」という考え方です。 これを10の補数といいます。まずは、「1と9、2と8、3と7、4と6、5と5」という10の組みあわせに慣れてください。

「8＋6＝□」のときは、「8は、あと2たすことで10になる。6の中から2を8にたして10。10と残りの4で14」と説明してください。

ただ、計算するたびに10の補数から、いちいち時間をかけて考えていると早く計算することができませんね。10の補数は計算しなくてもパッといえるようにしましょう。

おうちでは、たまごパックなどを使って説明すると、くり上がりの様子が目に見えてイメージしやすくなり、子どもの理解が進みます。

くり上がりの考え方が分かったら、あとは何度も練習しましょう。1年生の間にマスターすると、その後の算数がとても楽です。

例題　たして10になる組みを作りなさい。

1　1といくつだと10になるかな？

あめなどを使って、10になる組みあわせをいろいろ作ってみましょう。

答え　1と9、2と8
3と7、4と6
5と5

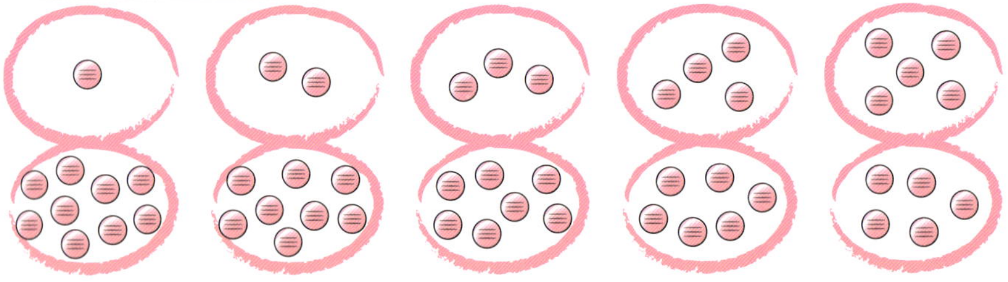

例題 8＋6＝□

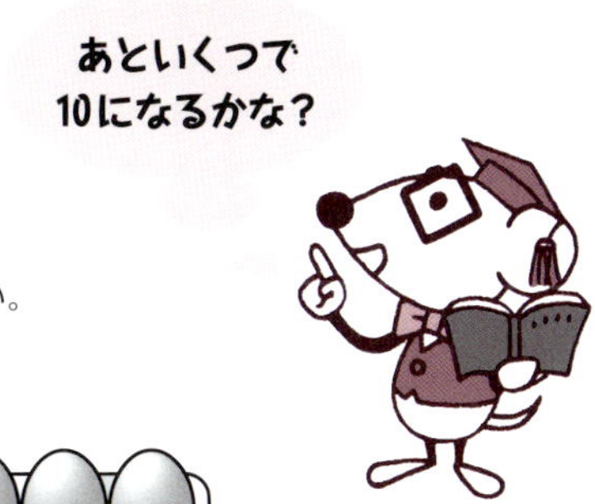

２個のたまごパックと 14 個のたまごを用意してください。
（なければ、あめなどでもかまいません）

1 アのパックはあと２個たまごを入れると10個になるね

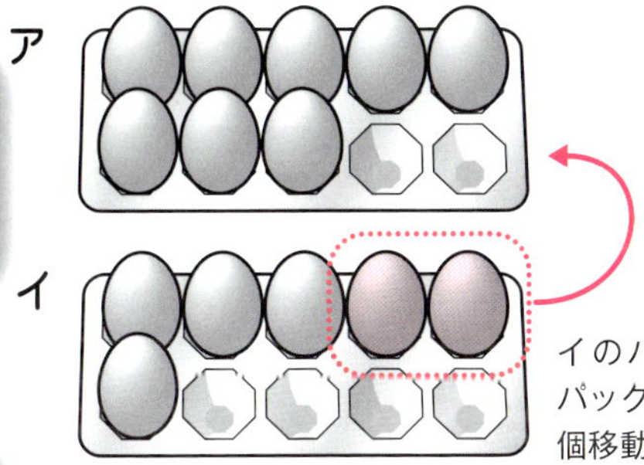

イのパックからアのパックに、たまごを２個移動させます。

2 イのパックの中から、たまごを２個、アのパックに移してみよう

3 アのパックは 10 個になって、イのパックは４個になるから、全部でたまごは14 個になるんだよ

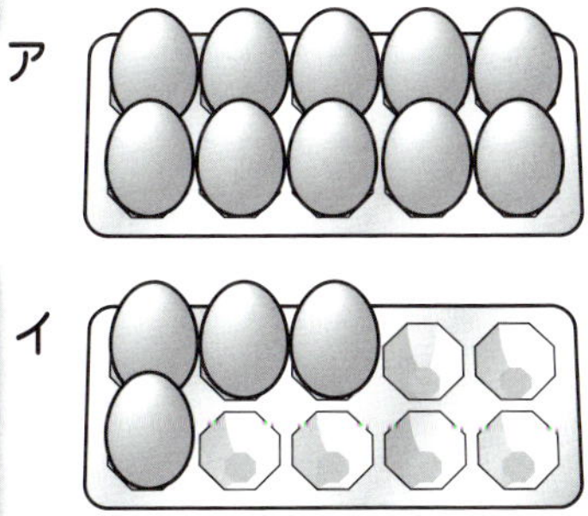

アとイのパックにあるたまごを数えてみましょう。

答え **14**

まとめ

- あといくつで10になるか（10の補数）をすぐにいえるようにする
- たまごパックなど身のまわりにあるものを使って説明することで、イメージしやすくする

ココが教えるポイント！

でちゅううう〜！

たしてくり上がるのは、位の箱が十でいっぱいになるということ。これは十進法の考え方です。いろいろな算数の問題の基本になるので完ぺきに理解してください。

1-6　1年生　くり下がりのあるひき算

くり下がりのあるひき算は、2つのやり方をマスター

くり下がりのあるひき算には、2つの方法があります。たとえば「15－8＝□」のときを考えてみましょう。

1つは、**「15を10と5に分けて、10から8をひくと2。残りの5と2をたして7」と考える方法**（減加法）です。この方法では10の組みあわせが重要です。ひき算なのにたし算をしなければならないところが、子どもには少し難しいかもしれません。

もう一方は、**「8を5と3に分け、15から5をひいて10。10から残りの3をひいて7」と考える方法**（減減法）です。この方法は、ひかれる数（この場合15）の1の位にあわせて、ひく数を分解しなければならないところが難しいといえます。

教科書では、どちらの方法も指導されます。結果としては子どもがやりやすい方法がいいのですが、学校では方法について問われることも多いので、考え方は両方マスターしておきましょう。

例題　15－8＝□

10個たまごが入ったパックと5個入ったパックを用意してください。
（なければ、あめでもかまいません）

その1：ひいてたす場合

1

ここにたまごが
15個あるよ。
じゃあ、アのパックから
8個取ってみよう

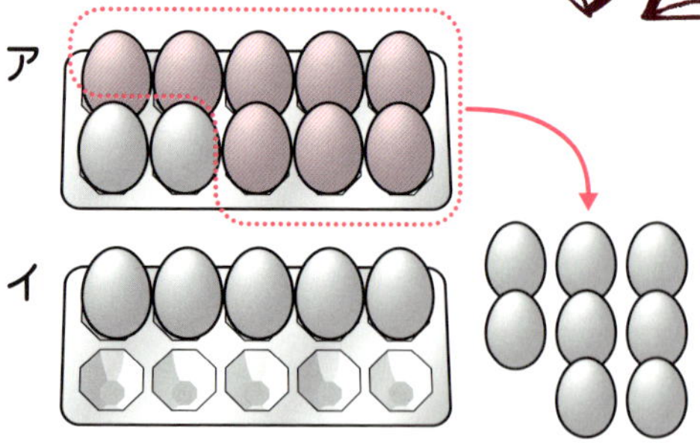

アのパックから8個のたまごを取ります。

2

2個残っているね。この2個とイのパックの5個をたすんだよ

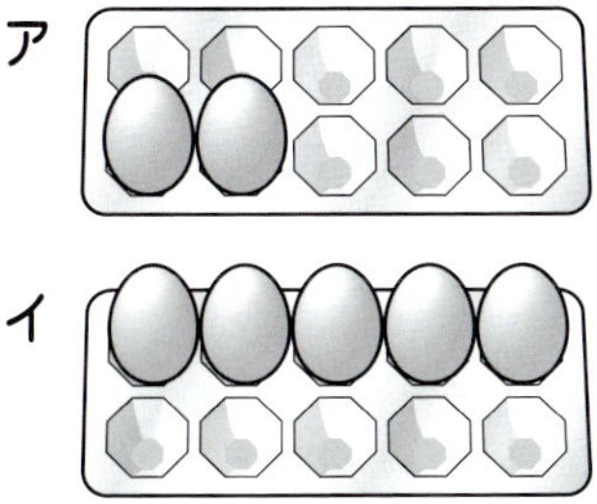

両方あわせたたまごの数を数えてみましょう。

答え **7**

その2：ひいてひく場合

1

たまごが15個あるよ。8個ほしいんだけど、まずイのパックからあるだけ取ってみるといくつかな？

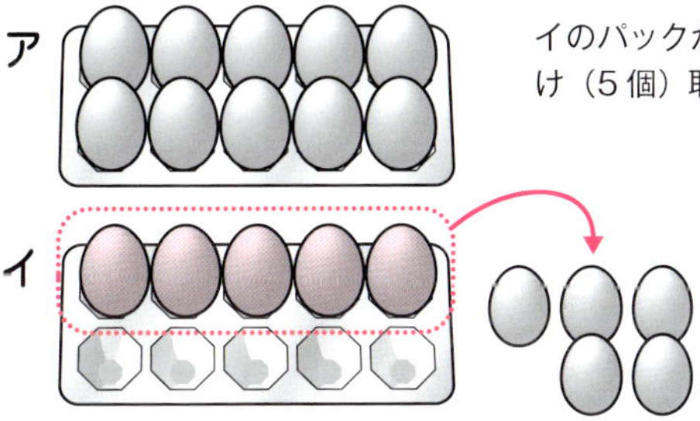

イのパックからあるだけ（5個）取ります。

2

5個だね。でも、あと3個たりないよ。じゃあ、アのパックから3個もらおうね。そうしたら、いくつ残るかな？

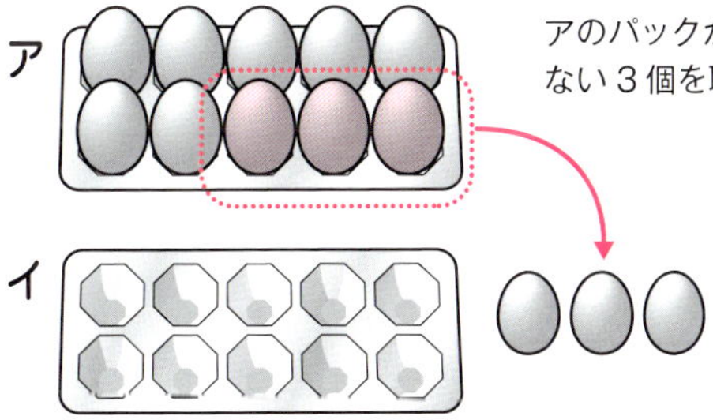

アのパックから、たりない3個を取ります。

答え **7**

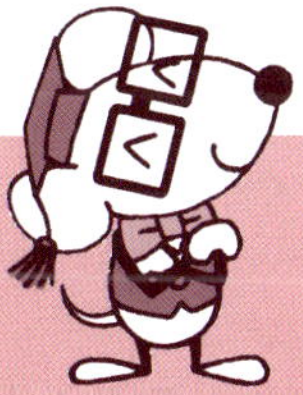

まとめ

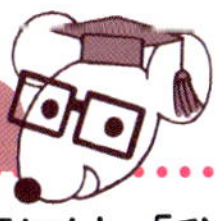

- ひき算には、「ひいてたす」と「ひいてひく」の2つの考え方があることを理解する
- できれば両方の考え方をマスターする

ココが教えるポイント！

でちゅうう～！

「11 − 2 =□」のようなときに、「11の1つ前が10、2つ前が9」というふうに数えもどりで答えをだす子もいます。間違いではありませんが、「くり上がり」や「くり下がり」の考え方を身につける意味でも、上記のやり方を理解させてください。

1-7

1年生　順序を含むたしと算とひき算

図をうまく使って順序を個数や人数におきかえる

1-3や1－4で既にたし算とひき算の大切な意味を2つずつ紹介しましたが、実は1年生でたし算とひき算を利用する場面は、他にもあります。それが、ここで説明する「順序を伴うたし算とひき算」です。

順序は個数や人数ではない上に、「単位」も違っています。そのため計算まで行うとなると、子どもたちにとっては、中々に難しい学習になります。**図を描くことで、順序を表す数をから個数や人数を丁寧かつ慎重に考える習慣をつけるようにしてください。**

順序を表す数については、1－2で既に紹介しています。本項と関連して1－2の2つ目の例題をもう一度解いて、「猿は前から何番目にいるかな」と考えさせるのも意味のある学習です。「猿の前には3匹いるけれど、自分も数えるから猿は前から4番目」と分かることを目指してください。

例題

太郎君は前から３番目にならんでいます。
太郎君のうしろには４人います。
みんなで何人ならんでいますか？

答えである７人がかかれた絵をかいてください。前後がわかりにくいようなら、「まえ」と書いたり、前がわかるように顔を描いてください。

1

おともだちがならんでいるよ。太郎君はどの子かな？

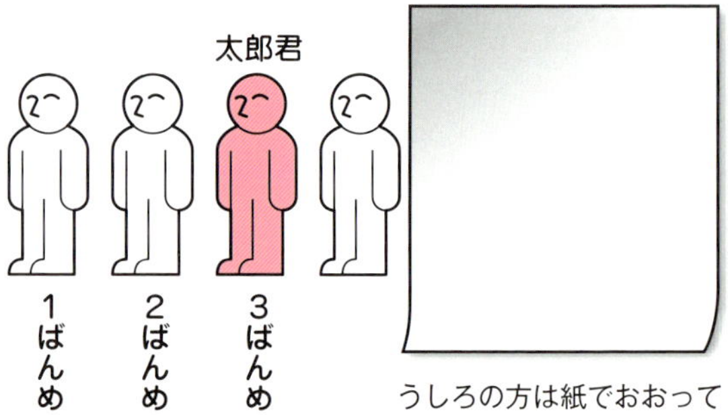

うしろの方は紙でおおっておきます。

2 太郎君のうしろには4人いるから全部で何人いるかな？

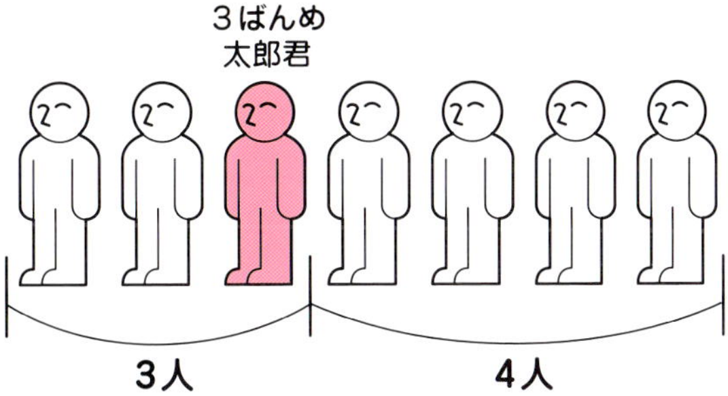

$4+3=7$

答え **7人**

紙を取り除いてうしろの4人をみせて全部で何人かを考えます。

3番目までには3人いるよ

例題 こどもが8人ならんでいます。花子さんは前から2番目にいます。花子さんのうしろには何人いますか？

1 こどもが8人ならんでいるよ。花子さんはどの子かな？

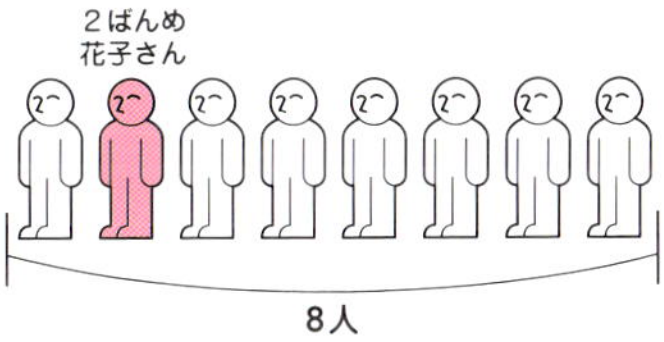

8人の子どもの絵を描いて花子さんを子どもが理解できたら…

2 花子さんの後ろの子たちってどの子たちかわかったかな？

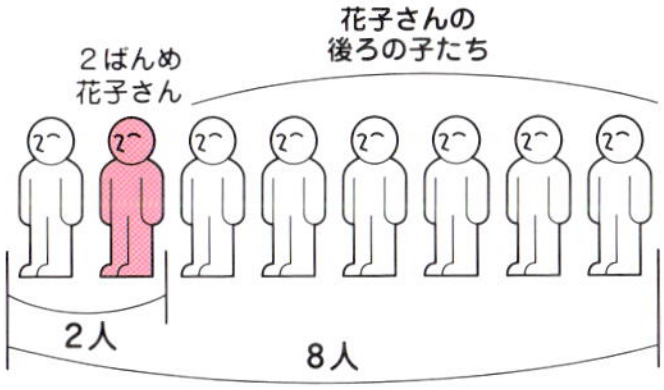

花子さんの後ろがどこかをたずねてから人数を求めます。

$8-2=6$

答え **6人**

ココが教えるポイント！ でちゅうう〜！

図を書くとき「番目」は、それぞれの子どもの上か下に書きます。それに対し、人数は人を囲んだり ├──┤ でまとめたりするようにして書きます。

まとめ

● 番目から個数や人数を考えるときは図をつかって考えよう

1-8

1年生　時計

日常生活の中で、時計に親しむことからスタート

時計の学習は、1年生にとって一苦労です。たとえば、短針については近いほうの数を読んでしまう子どもも少なくありません。また、普通に想像する「針」とは違うため、「時計の針」という言葉も子どもには分かりにくいです。ちょうどの時刻をまず読めるようにし、続いて「半」の時刻というように、順を追って教えてください。

生活の中で、「もう7時よ。起きましょう」「(夕方)6時だからご飯にしましょう」など、時刻を意識して子どもに声をかけてみてください。

また、**針のあるアナログ時計(ただし、「分」の刻みがついているもの)を子どもの目につく場所に設置することもおすすめです。**デジタルと違って大まかな時刻や時間の流れ(量)が目で見て分かるという利点があります。学校ではできませんが、「5時5分前」などのいい方があることを教えるのにも、アナログ時計はぴったりでしょう。

例題　何時かな？(その1)

アナログの時計や時計のおもちゃなどを用意して、問題の針の位置にセットしてください。

1　短い針は、どこをさしているのかな？

時計の短針の位置を見せながら、聞いてみましょう。

↓

2　長い針は、どこをさしているのかな？

長針が 12 の位置のときは、短針のさす「ちょうどの時刻」になることを教えましょう。

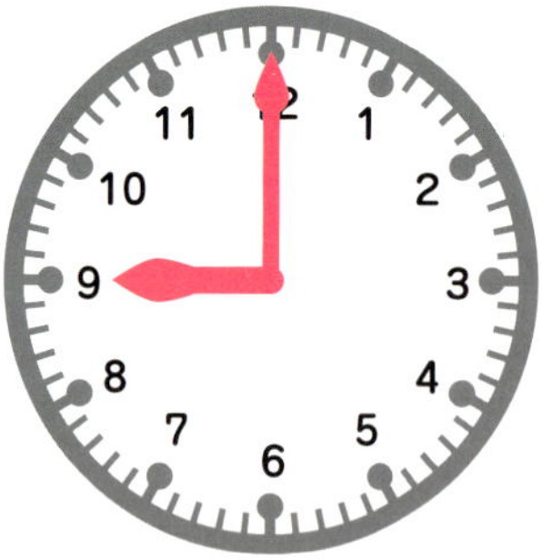

答え　**9時**

例題 何時かな？（その2）

アナログの時計や時計のおもちゃなどを用意して、問題の針の位置にセットしてください。

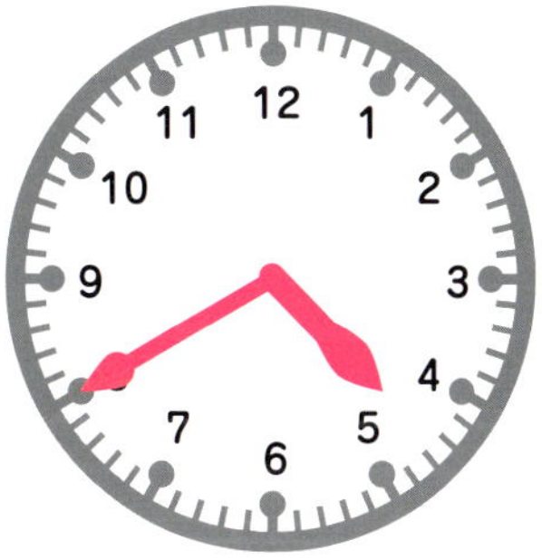

1 短い針は、どこをさしているのかな？

時計の短針のさしている場所をたずねましょう。

2 4と5の間だね。針は数の小さいほうから大きいほうにまわっていくんだよ

「短針が４と５の間だから４時何分か」というのは、子どもにとってとても難しいので、ていねいに説明してください。

3 まだ5のところまではまわっていないから4時何分かになるよ

4 長い針は、どこをさしているかな？

答え **4時40分**

ココが教えるポイント！ でちゅううへ！

子どもが時計の針で動いていると感じるのは秒針だけです。長針や短針が「うごいた」という感覚を持つには、おもちゃの時計などで右まわしや早まわしをして見せてください。

まとめ

- アナログの時計を見せながら説明し、針が動くということも教える
- 長針と短針がどういう関係なのか理解する
- 生活の中でも時刻を意識した会話をするよう心がける
- 8時半というようないい方も覚える

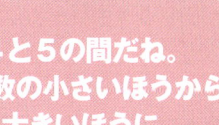

COLUMN 2

位取りは、算数を学習するときの基本

私たちの数の表し方の仕組みは、一、十、百、……というように、十個集まるごとに数の呼び方が変わります。「位」とはこれらの数の単位のことで、私たちが日常的に使っている数の表し方は、十ごとに位が上がるシステムになっているのです。

数のいい方の次は、書き方についても考えてみましょう。数字を並べて書いたとき、その位置によって数の大きさを表す方法が「位取り記数法」です。たとえば、漢数字だと三百六十五のように、三百と六十と五の和という形で表しますが、位取り記数法では365と書きます。3、6、5と左の位にいくたびに、10倍になるという約束のもと、数字の書かれた場所によって位取りが分かるのです。

この方法にはいいところがいくつかあります。まず、0から9の数字を使えばどんな数でも書くことができる点です。次に、計算が簡単になるということです。たとえば、ひっ算は位取り記数法があるからこそ、スムーズにできるのです。

位取り記数法は、このように便利なしくみですが、残念なことに、子どもにとって必ずしもやさしいものではありません。とくにつまずきやすいのが、空位の0です。子どもによっては、「三十五」なら35と書けても、「三十」を30と書けなかったりします。まして、「にひゃくさん」を203と書くのは大変なことです。だから練習が必要です。しかしさいわい、数はいろいろなところで目にします。スーパーでの買い物、電話番号……。お子さんと一緒に数を読んだり、書いたりする習慣をつけておきましょう。

おうちで完全マスター!!

「算数の教え方」がわかる本

2年生

1年生に引き続いて
算数の計算の基本を学習します。
とくに、かけ算の九九は
重要なところなので
じっくり教えてください。
ひき算やたし算で
つまずいているようなら、
それとなく1年生にもどって
説明してあげてください。

2-1

2年生　2ケタのたし算とひき算

ひっ算の前に、基本の計算はできるように

ひっ算に入る前に、まず18＋5、22－6、23＋30、73－20のような計算を学習します。つまり、2ケタの数と1ケタの数のたし算とひき算、そして2ケタの数と「なんじゅう」と表される数のたし算とひき算です。

これらの学習は、次にでてくるひっ算の意味を理解するために必要なのですが、それをぬきにしても暗算でできるようになっておきたいところです。

さて、**ここでもっとも難しいタイプのものは、くり上がり、くり下がりのある2ケタと1ケタのたし算とひき算です。**学校では、ブロックやタイルなどの道具を使って説明されるかもしれません。もちろんおうちでもそれと同じように説明できればよいのですが、算数用の教具がない場合は、21ページで紹介したようにたまごパックを使って説明してみるのもよいでしょう。

例題　18＋5＝□

数字だけで子どもが分かりにくいようであれば、タイルやたまごパックなどを使って説明してください。

1　18はいくつたすと20になるかな？　そう2だね

18は20に2つたりないことを確認します。

2　つまり5を2と3に分けて考えるんだよ

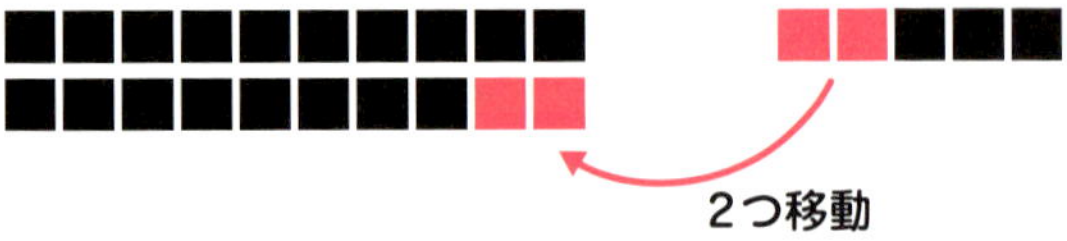

20にするために2を先にたします。

3 20に、残りの3をたせばいいんだよ

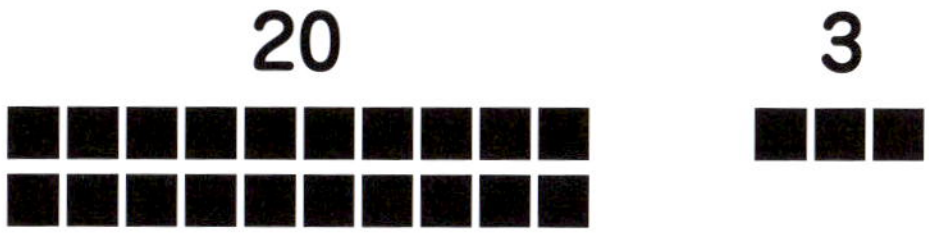

残った3と20をたせば答えになります。

答え **23**

ちゃんとくり上がりが分かっているかな?

例題 22－6＝□

1 まず22を20と2に分けてみようね

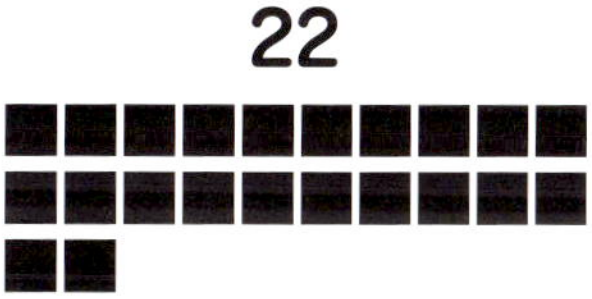

22は10が2つと2があると考えます。

2 先に、20から6をひいてみると14になるね

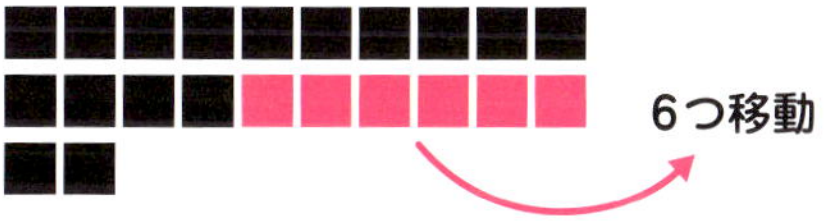

10のかたまりから、6をひきます。

3 そうしたら残りの2と14をたしてみよう

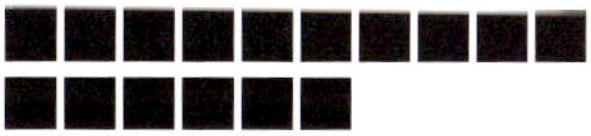

ひいた残りの14と2
をたしましょう。

答え **16**

まとめ

● 計算は、結局1ケタと1ケタの計算が基本になっていることに注意する

2-2

2年生　たし算のひっ算

ひっ算は、マス目を使って位をそろえる

ひっ算で最初に大切なことは、位をきちんとそろえて書くということです。数は位ごとに大きさが違いますから、それをしっかり理解しないとひっ算はできません。

子どもによっては、ひっ算になると15＋21より15＋2のほうが難しい場合があります。これは違うケタの計算なので、位がきちんと分かっていないと、どこをたせばいいのか分からなくなるということなのです。

ですから、はじめからひっ算の形になっている問題はできるものの、横書きの計算をひっ算で解く問題になるとできない子どももいます。

まずは、マス目を使って計算するようにしましょう。ノートを横にして行線を利用することで、ケタをそろえる方法もあります。やりやすい方法で練習してください。

2年生のひっ算のたし算は、2ケタ＋2ケタが中心ですが、3ケタの数を含むひっ算も少し登場します。

例題　46＋28＝□

マス目のある用紙やノートを使ってください。はじめはタイルやお金などを横におきながら説明すると分かりやすいでしょう。

	4	6
＋	2	8

1　位をそろえて数字を書くんだよ

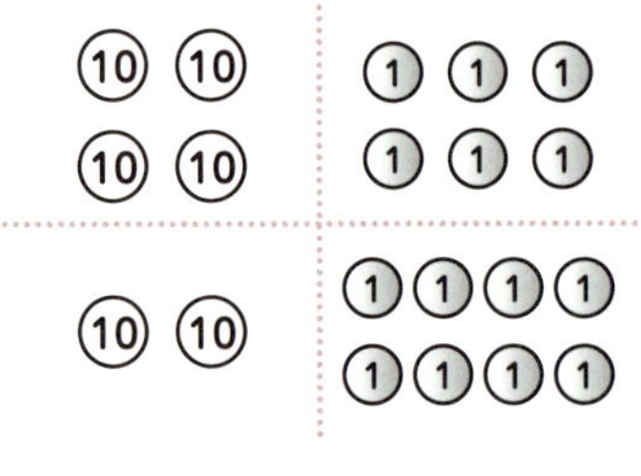

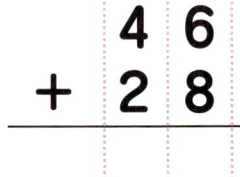

2

一の位の6と8をたしてみよう。そうすると14になるね。14の十の位の1を4の上に書くんだよ。4はそのまま一の位のところに書こうね

$$\begin{array}{rcc} & \color{red}{1} & \\ & 4 & 6 \\ + & 2 & 8 \\ \hline & & 4 \end{array}$$

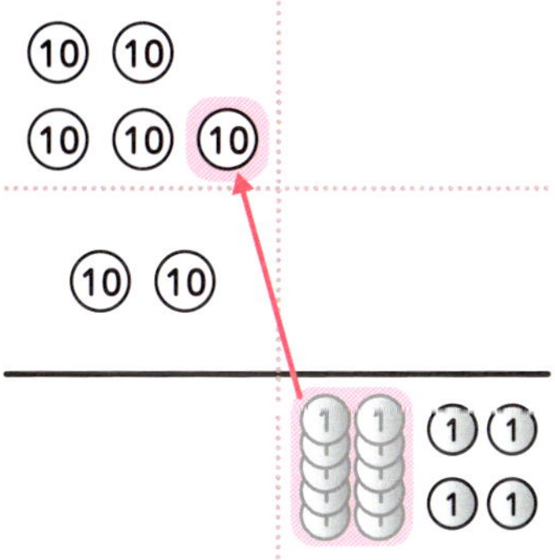

6＋8を計算します。答えの14の1をどこに書くのか、4をどこに書くのかを説明しましょう。

3

次に十の位にある1と4と2をたしてみよう。7になるね。さあ問題の答えはいくつになったかな？

$$\begin{array}{rcc} & \color{red}{1} & \\ & 4 & 6 \\ + & 2 & 8 \\ \hline & 7 & 4 \end{array}$$

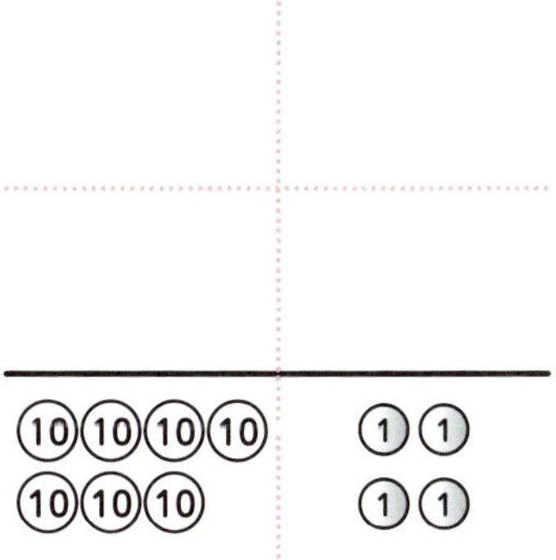

くり上がった1を、他の十の位の数字と同じようにたします。「1＋4＋2＝7」の7をどこに書くのかを伝えてください。

答え **74**

まとめ

- ひっ算は、はじめはマス目を使い、位をそろえて式を書く
- くり上がるときに、どう計算するのかを説明する

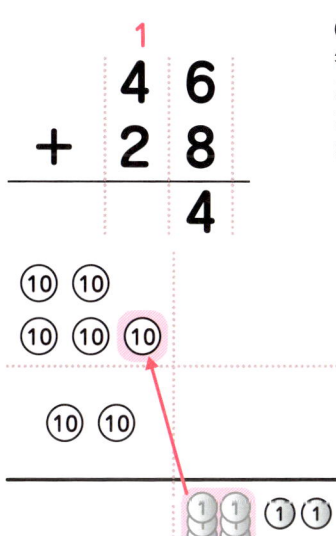

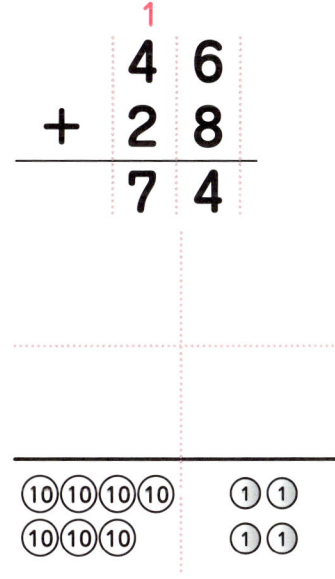

2-3

2年生　ひき算のひっ算

くり下がりのひっ算は、「となりから持ってきて」が大切

ひき算のひっ算も、位をそろえて書くことが大切です。

2年生で学習するひき算のひっ算で一番難しいのは、103－25のようなものです。上の位の0から1をもらえないので、さらに上を考えて、10から1をもらうということを、ていねいに説明してください。

手順に疑問を持つようであれば、はじめはタイルやお金、棒などを使って説明してみましょう。

また、言葉づかいにも気をつけてください。最近の小学校では「十の位から1借りてきて」とはいいません。「借りたものは返さなければいけない」という考え方のようです。**学校では「1くり下げて」もしくは、「10持ってきて」、「10もらって」などといいます。**おうちでも学校のやり方とあわせておくほうが、子どもが混乱しないでしょう。

なお、3年生になると、たし算・ひき算ともにケタ数が増え難しくなりますが、基本は2年生にあります。

例題　42－18＝□

マス目のある用紙やノートを使ってください。はじめはタイルやお金などを横におきながら説明すると分かりやすいでしょう。

	4	2
－	1	8

1

位をそろえて
数字を書くんだよ

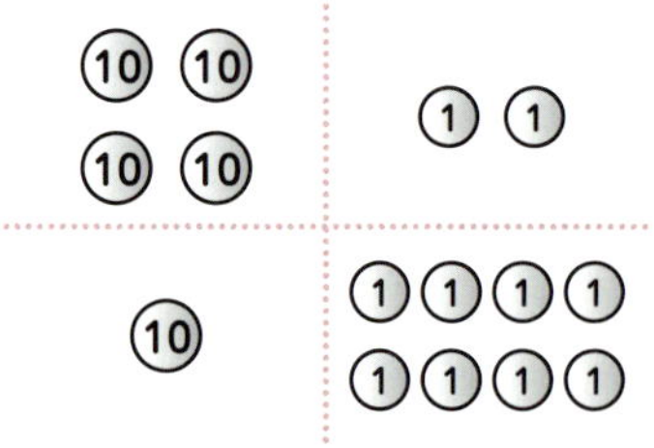

2

2から8はひけないから十の位から1もらってくるんだよ。4は消して3と書いておこうね。持ってきた10と2で12だから8をひいたらいくつかな？

3
~~4~~ 2
− 1 8
　 4

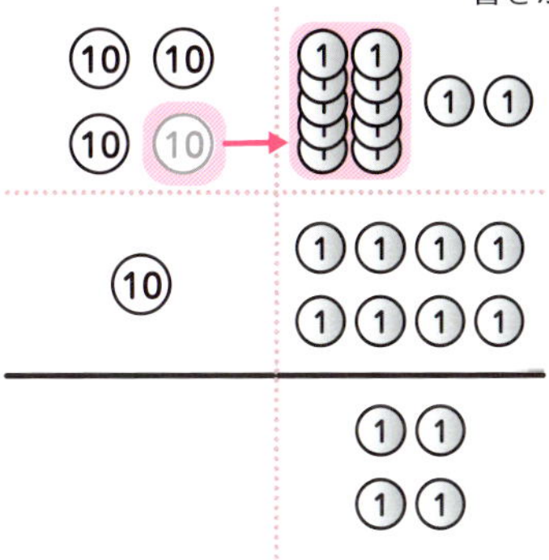

十の位の1は10のことなので、十から1もらうと、10ふえて2が12になります。12－8＝4になるので、一の位に4を書き入れます。10持っていかれた十の位は、あとで分かるように4を消して3と書きかえておきましょう。

3

十の位の4は1をあげて3になっているから、3から1をひいて2になるんだよ

3
~~4~~ 2
− 1 8
2 4

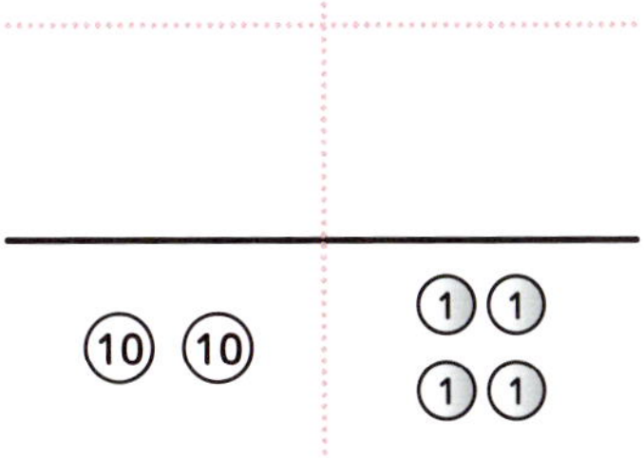

あとは、十の位を計算するだけです。
3－1＝2になるので、2を十の位に書きましょう。

答え 24

まとめ

- ひっ算は、はじめはマス目を使い、位をそろえて式を書く
- 位の考え方をしっかり理解させる
- 「借りてくる」ではなく「持ってくる」や「くり下げる」、「もらう」という

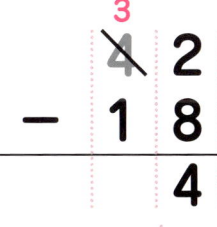

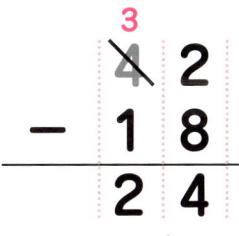

2-4

2年生　かけ算1

かけ算は、意味を理解してから九九の暗記へ

4×3の意味は、「4の3つ分」です。4＋4＋4を4×3と書くとは教えられません。

もちろん、4×3は4＋4＋4で計算できるということもすぐに習うのですが、かけ算の意味としては、**4×3とは「一つにつき4つあるものが、3つある」ということなのです。**かけ算をたし算のくり返しで考えると、1.5×2.3や$\frac{1}{3}\times\frac{2}{5}$などの計算に将来対応できなくなります。

たとえば、犬の足の本数を考えると、犬1匹につき、足が4本あって、それが3匹いるということになります。ここで**ポイントなのは、「〜につき」という単位あたりで考えるという部分です。**

また、かけ算を教えるとき、「4×3も3×4も同じ」と教えるおうちもあるかもしれません。答えは同じですが、**「4の3つ分」と「3の4つ分」では意味が違いますから、そこのところもしっかりおさえるようにしてください。**

例題　犬が3匹います。足は全部で何本？

子どもが想像しやすいように、絵を使ってみましょう。

1

犬には足が
何本あるのかな？
そう4本だね

絵を見せながら足の数を聞いてみましょう。

2

1匹につき4本ずつ足を持っているから、3匹だと4×3(本)になるんだよ

4	×	3	=	12
1匹あたりの足の本数		犬の数		全部の足の数

絵と数字を両方見せながら、どうしてこの式になるのか確認させてください。

3

じゃあ九九で4×3はいくつかな?

ここで九九の登場です。式の意味を理解した上で九九を暗記していきましょう。

答え **12本**

まとめ

- 「4×3」の意味は、「一つにつき4つあるものが、3つある」と理解する
- まずは、2～5の段の九九を完全に覚える

ココが教えるポイント！
でちゅうう～！

かけ算にすんなり入るためには、日常生活の中で、「2、4、6、8、10」「5、10、15、20、25」といった2つ飛びや5つ飛びの数え方に慣れておくといいでしょう。

2-5

2年生　かけ算2

6～9の段の九九は、根気よくしっかり暗記

2の段から5の段の九九のやさしさに比べると、6の段から9の段までの九九は子どもにとって非常に難しく、覚えにくいものです。覚えたと思ってもしばらくすると忘れてしまうので、少なくとも3年生終わりごろまでは、毎日練習するほうがいいでしょう。

九九は理屈抜きに覚えるものです。さいわい日本の九九は、リズムもよくごろもいいので、**声に出して練習すれば、耳からも覚えることができますね。**

また、九九は自在に使えてこそ意味があります。6×8を答えるのに、「ろくいちがろく、ろくにじゅうに、ろくさん……」と最初からとなえないと答えられないのでは意味がありません。すぐに答えをいえるようにしましょう。

おうちで教えるときは、**カードを使ったり、大きな数から順にとなえるなどいろいろな方法を試しながら、暗記してください。**

例題　6×8=□

1　いくつか分かるかな？

↓

2　九九で考えるとろくはしじゅうはちだね

「ろくいちがろく、ろくにじゅうに、ろくさん……」と数えているようであれば、まだ九九が完全に覚えられていないので、暗記に力を入れましょう。

答え　48

例題 1週間は7日です。4週間は何日ですか？

1

4週間は、1週間が4つあるということだね

4週間が、1週間の4つ分ということをカレンダーなどを見ながら説明してください。

6月

日	月	火	水	木	金	土
1	2	3	4	5	6	7
8	9	10	11	12	13	14
15	16	17	18	19	20	21
22	23	24	25	26	27	28
29	30	1	2	3	4	5

2

かけ算の式になおすとどうなるかな？7×4だね

「1週間＝7日」の4つ分ということから、7×4という式をみちびけるようにしましょう。

3

7×4を九九で考えてみよう。しちしにじゅうはちだね

答え **28**

ココが教えるポイント！
でちゅうう〜！

九九は、はじめはリズムよく、順に（小さい数から大きい数へ）となえ、それができるようになったら、逆、そして順にいわなくても答えられるように暗記しましょう。

まとめ

- 6～9の段のほうが、2～5の段より難しいのでしっかりと暗記する
- 順番にとなえなくても答えられるようにする
- カードを使うなど、覚え方を工夫する

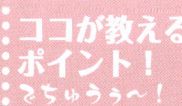

「半分」や「半分の半分」を分数で表す

2年生では、$\frac{1}{2}$は「半分」の別の表し方だと、つまり「もとの大きさを同じように2つに分けた1つ分」のことだと習います。同じように「もとの大きさを同じように4つに分けた1つ分」として$\frac{1}{4}$も習いますが、これを半分をさらに半分にしたものとして理解できることも大切です。これと関連して、**「半分の半分」**という言い方を教わるかもしれません。

これまで2年生では、$\frac{1}{2}$と$\frac{1}{4}$が中心で、さらに$\frac{1}{4}$をさらに半分にした$\frac{1}{8}$に触れられる程度でしたが、**今回の改訂で$\frac{1}{3}$も学習することになりました。**ただ、2年生で学習する分数は「同じように分けたときの一つ分」を表す分数のため、分子は1のものに限られています。

$\frac{1}{4}$ずつに区切られたテープがあると、$\frac{1}{4}$と答えて欲しいのに、4個と答える子どももいます。こんなときには、もとの大きさとの比較を通して、$\frac{1}{4}$を教えましょう。

例題

テープを折って、線をつけて広げました。もとの大きさの$\frac{1}{2}$の大きさに色をつけましょう。

紙テープを用紙してください、割りばしの袋などでもかまいません。ぴったり重なるようにまん中で折って広げて同じ大きさに分かれていることを確かめましょう。

1

$\frac{1}{2}$の大きさとは何のことだったかな？

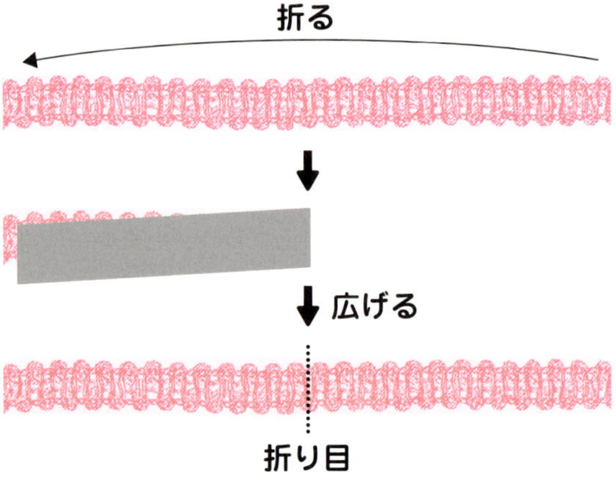

2

そう、半分の大きさのことだったね。
だから、もとの半分の大きさのところに色をぬろうね

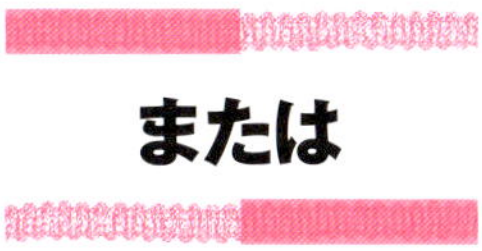

答え

例題 折り紙を2回続けて折りました。ⓘの大きさはⓐの大きさの何分の一ですか？

1

ⓐの折り紙にななめに線をひいてみよう

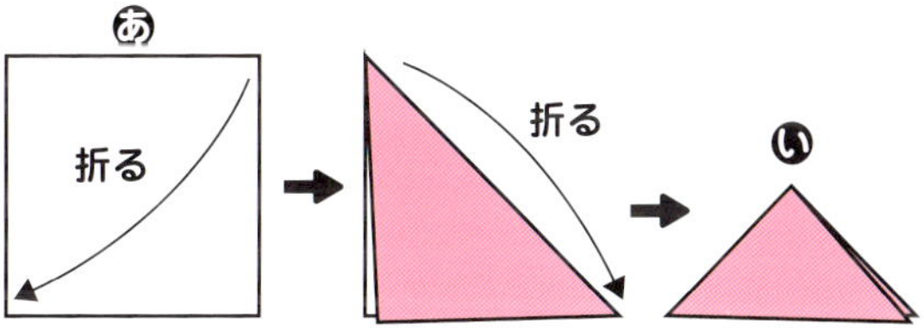

2

ⓘはⓐを同じように4つに分けた1つ分と同じだね

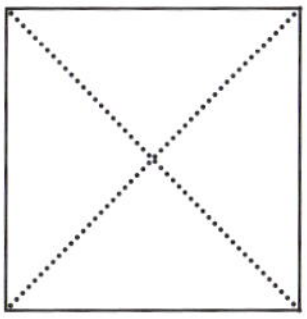

折り紙を実際に用意して、重ねることでⓘがⓐの$\frac{1}{4}$になっていることを確かめてください。

答え $\frac{1}{4}$

まとめ

- 2年生の分数は1つの形を等分したことを表すもので、操作しやすい$\frac{1}{2}$、$\frac{1}{3}$、$\frac{1}{4}$が教えられる
- $\frac{1}{2}$とは半分のことで、$\frac{1}{4}$とは半分の半分のことだと理解する

子どもはココで間違える！

２つ目の例題のように２回折ってできた形を$\frac{1}{2}$といってしまう子どもがいます。１回折ると半分になり、それが$\frac{1}{2}$であることをしっかり教えてあげましょう。

2-7

2年生　分数2

図での操作を通して等分感覚を身につける

2年生の分数の学習には、簡単な場合に具体的な個数の$\frac{1}{2}$や$\frac{1}{3}$などを求める学習があります。

もちろん、12個の$\frac{1}{3}$の個数を求めるのは、12 個を同じように3つに分けたひとつ分を求めるわけですから、計算としては小3の割り算(12÷3=4)の内容です。また、小6では分数を利用して、$12\times\frac{1}{3}=4$と式で表すようになります。これに対し、小2では**式は使わずに図を書いて考えることで解決します。**

ここでは、たとえば**12個と18個のように元の大きさが違うと、同じ$\frac{1}{3}$であっても6個と9個で違うこと**を知ることも重要です。

図で考えているとはいえ、実質的には割り算をしているのですから、逆を考えればかけ算です。「分けたのをもとに戻すなら、4個ずつが3つあるから全部で12個になるね。これは$4\times3=12$ということだね」と**かけ算との関係に気づかせてあげましょう。**

例題　12この$\frac{1}{2}$、$\frac{1}{3}$、$\frac{1}{4}$の大きさをそれぞれ求めましょう

1

全部で12こ
あるんだね。
ならべてかいてみよう

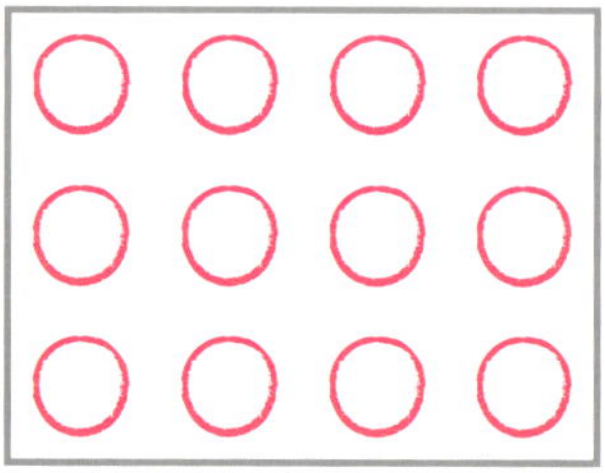

12この○を左のように書いて子どもに示して下さい。ここから始めます。

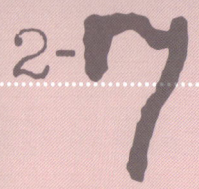

2

まず12この$\frac{1}{2}$の大きさを考えるよ。12個を同じように2つに分けるのだね

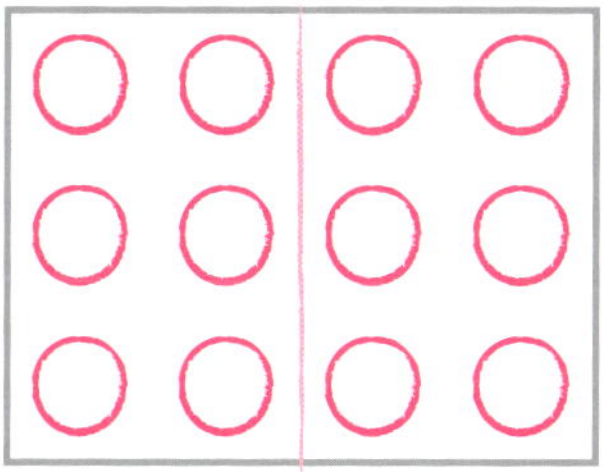

同じように2つに分けるから、長方形を分けるつもりで、区切り線をひいて考えます。

答え　6個

3

次は12この$\frac{1}{3}$の大きさを考えるよ。どうすればいいかな。そう、同じように3つに分けるのだね

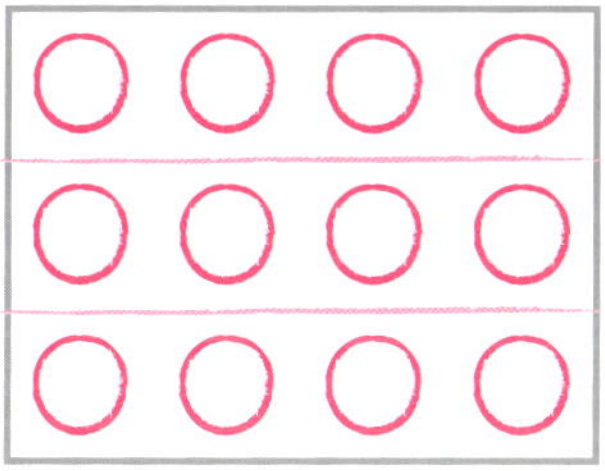

同じように3つに分けるから、長方形を分けるつもりで、区切り線をひいて考えます。今度は横です。

答え　4個

4

最後は12この$\frac{1}{4}$の大きさだね。どうすればいいかな。そう、同じように4つに分けるのだね

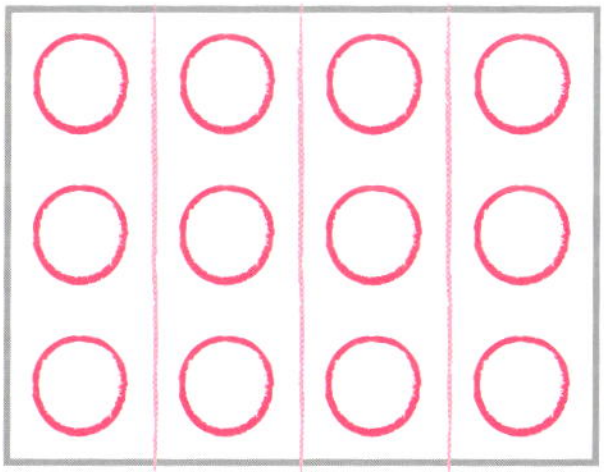

同じように4つに分けるから、長方形を分けるつもりで、区切り線をひいて考えます。今度はタテです。

答え　3個

まとめ

- ある個数の$\frac{1}{2}$、$\frac{1}{3}$などを求める時は2年生では図を書いて考える
- 2年生では○○の$\frac{1}{2}$、△△の$\frac{1}{3}$というように言って$\frac{1}{2}$や$\frac{1}{3}$などを単独で使わないようにする

ココが教えるポイント！
でちゅうう〜！

正しくは12個の$\frac{1}{2}$と言うところをわかりきっている時には、大人は単に$\frac{1}{2}$とだけ言いがちです。しかし、もとの大きさが変わると$\frac{1}{2}$もかわるので、必ず12個の$\frac{1}{2}$や18個の$\frac{1}{3}$のように話してください。

2-8

2年生　長さ

長さは、実際にはかりながら感覚を身につける

1年生では、2つのものの長さを比べる学習をします。たとえば2本のえんぴつを並べて、直接比べたり、間に中くらいの大きさのえんぴつをおいて「これは、これより長い、これはこれより短いね」と間接的に比べます。また、机の幅が、えんぴつ何本分になるかを実際はかり、何かをもとにして（単位にして）はかるという考え方を身につけていきます。

2年生ではそれらをふまえた上で、ものさしを使いながらm、cm、mmなど長さの単位を学習します。とくにcmが10に分かれるとmmになるという考え方は、これから小数や分数を習うときに役立つのでしっかり覚えましょう。

「1mmを10集めると1cm、1cmを100集めると1m、1mを1000集めると1kmになる」という単位の関係をしっかり頭に入れるようにしてください（kmを教えるのは、3年生になってからでかまいません）。

例題　3cm 4mmは、何mmですか？

できれば、端から目盛りがついているものさしを用意してください。

実際はかると
感覚がつかめるよ

1

ここが1cmだよ。
1cmを10に分けた
1つが1mmなんだよ。
そしたら、3cm 4mmは
どこかな？

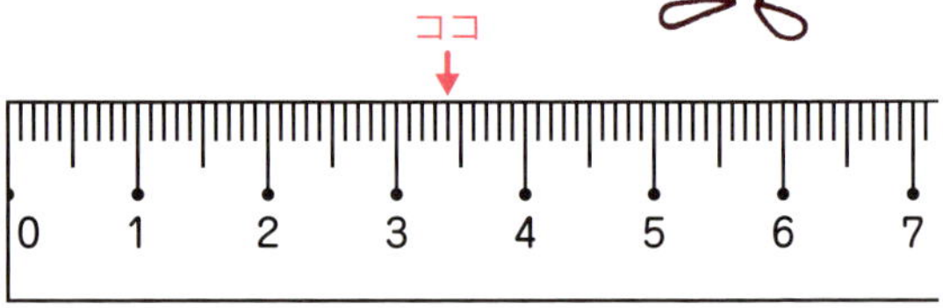

実際のものさしを見ながら、1cmがどこか、また1mmがどこか目盛りをさして説明してください。

2 ここだね。小さい1㎜はいくつあるかな？

3㎝4㎜が、いくつの1㎜から成り立っているか確認してみましょう。

答え **34㎜**

例題　背の高さが1m25㎝の太郎くんが40㎝の台にのって背をはかると、□m□㎝になります。

1 簡単でもいいから絵を描いてみよう

簡単でも図や絵にすることで、子どもに状況を想像させてください。

2 何算を使うのかな？太郎くんと台の高さをあわせた高さになるね

1m 25㎝ ＋ 40㎝ ＝1m65㎝

（25㎝と40㎝：同じ単位をたす）

3 だから、たし算だね

たし算を使うことが理解できたら、同じ単位どうしをたしましょう。

答え **1(m)65(㎝)**

まとめ

● 「1㎜を10集めると1㎝、1㎝を100集めると1m、1mを1000集めると1㎞になる」という単位のルールをしっかり頭に入れる

※本書では、㎜、㎝、mに加えて3年生で習う㎞もこのページで説明しています。

ココが教えるポイント！
でちゅううう〜！

長さを教えるときは、なるべく実際の長さを見せましょう。たとえば1mが自宅の床からどのくらいの高さになるか、実際まきじゃくを使いながら教えるとmの感覚が身につきやすくなります。

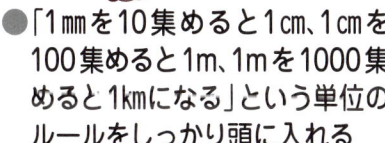

2-9

2年生 時間と時刻

「時間」と「時刻」は違うもの 混同しないように！

算数を勉強する上で、「時刻」と「時間」は、きっちり使い分けないといけません。

子どもは日常的に時計を見ていますから、時刻については比較的分かりやすいでしょう。しかし、「8時」や「12時」が時刻であることを意識していません。同じ感覚で「時間」と呼んでいることが多いのです。

子どもが「今の時間は、8時だよ」といったら、**「時刻は、8時ね」といいなおしながら、時刻といういい方を教えましょう。**

逆に「時間」という言葉には慣れていますが、考え方はとても抽象的で難しいものです。目で見ることもできませんし、時計でどこかをさし示せるものでもありません。

また、テレビの30分番組と宿題をする30分では、長さの感じ方が違います。楽しい時間は早く感じるし、つらい時間は長く感じるのです。時間の感覚はつかみにくく、難しいということを心得ておきましょう。

例題

太郎くんは、午前10時10分におじさんの家に着き、午前11時まで遊んだあと帰りました。おじさんの家にいたのは、何分ですか？

アナログの時計またはおもちゃの時計などを用意してください。

1

おじさんの家に着いた時刻はどこかな？

問題の時刻を実際の時計におきかえて考えてみましょう。

家に着いた時刻

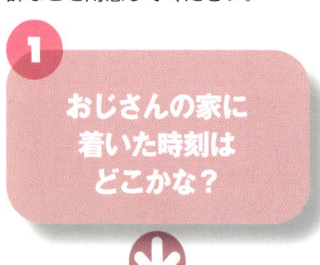

2 **おじさんの家を出た時刻はいつかな？**

着いた時刻と同じように、帰りの時刻も時計で確認してください。

家を出た時刻

3 **ここからここまでおじさんの家にいたことになるね。じゃあ、どれくらいの時間かな？**

時計の針の位置をさしながら時間の経過を目で確認させましょう。経過した時間をゆっくり数えてみてください。

答え **50分**

家にいた時間

まとめ

- パパやママ自身も「時間」と「時刻」の違いを意識し、子どもとの会話で正しい言葉を使う
- 「1分＝60秒、1時間＝60分、1日＝24時間」という時間の単位を理解する

ココが教えるポイント！

ぢちゅうう～！

時間の感覚は、ふだんの生活の中で意識させながら教えるのがいいでしょう。「5分間待っててね」「学校まで何分間で行けるかな」「ご飯を食べてから何時間何分たったかな」などの会話の積み重ねが大切です。

2-10 2年生 かさ

液体は、「量」ではなく「かさ」と呼ぶように気をつけて

液体の量のことを「かさ」といいます。生活の中では、「ジュースのかさ」ではなく「量」などと呼びますが、算数では「長さ、広さ、重さ、時間、かさ」などすべてが量なので、液体については「かさ」といいます。パパやママもいい方に気をつけてください。この言葉になじめないような子どもには、「水やジュースの多さを『かさ』というんだよ」と説明してあげましょう。

液体は、「1個、2個」と数えられないので、「かさ」はマスなどの計量器ではかり、「各単位のいくつ分か」で表します。そのマスの単位が、L（リットル）、dL（デシリットル）、mL（ミリリットル）なのです。

「かさ」を理解するためには、実際にはかってみることがとても効果的です。おうちでは、料理の計量カップなどを使って、1Lや1dL、1mLの「かさ」を子ども自身にはからせてみるといいでしょう。体験することで量の感覚が身につきます。

例題　1L5dL＝□dL

※以前はℓと書いていたリットルですが、今ではLと書きます。パパやママの頃とは違っているかもしれません。

1

1Lは、
何dLなのかな？
そう10dLだね

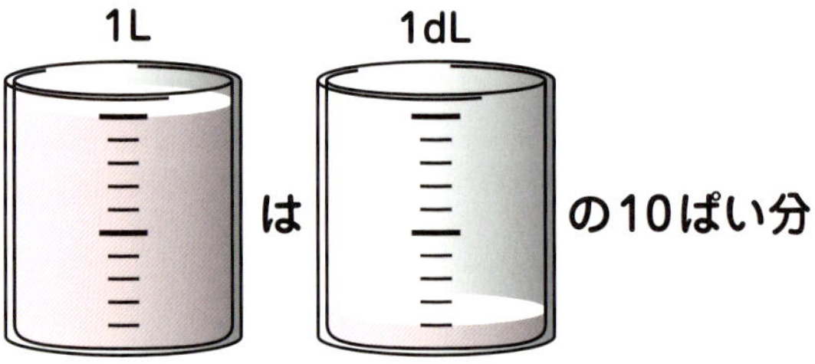

1L＝10dL

Lとd Lの関係を確かめましょう。図や絵にして考えると分かりやすいでしょう。

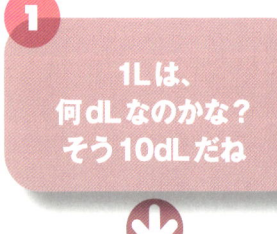

2

1L5dLは、
10dLと5dLということ
だから、全部で
何dLになるかな？

答え **15dL**

例題 1L5dL＋8dL＝□L□dL

1

1L5dLの水と
8dLの水があるよ。
あわせるとどうかな？

1L入るマスと1dL入るマスの図や絵を書いて想像しましょう。

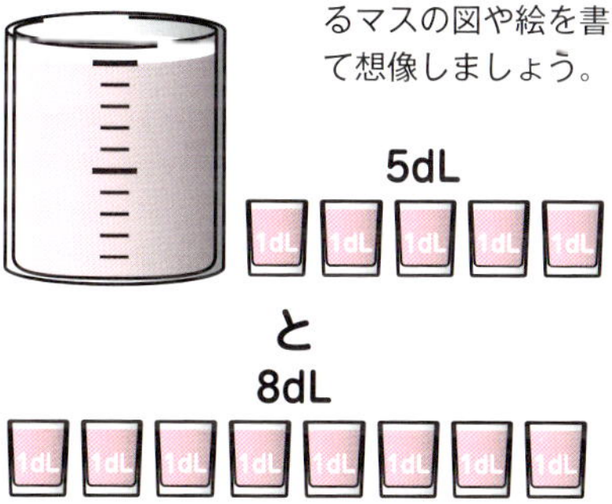

2

大きいマス1つと
小さいマス13個なので、
1L13dLになるね。
13dLは
何L何dLになるかな？

1L5dL＋8dL
＝1L13dL
（13dL＝1L3dLなので）
＝2L3dL

答え **2L3dL**

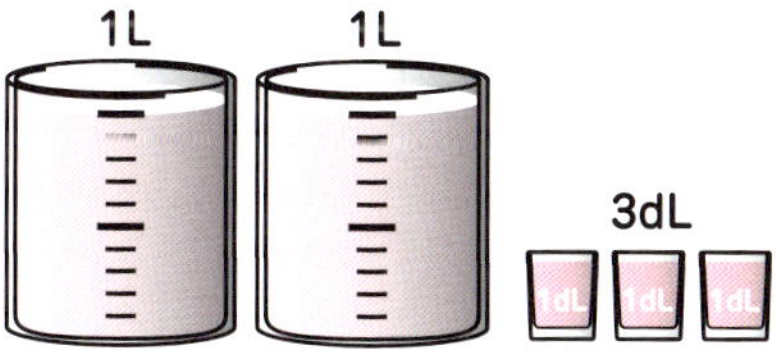

まとめ

- 「かさとは、液体の量」ということを理解する
- 「1L＝10dL＝1000mL」という関係を覚える
- 計量器を使いながら、子どもに自分ではからせる

2-11

2年生 正方形と長方形

正方形と長方形は、形の特ちょうを確認

学校では正方形と長方形を習う前に、まず直角を習います。直角とは「紙を2回折ってできるかどの形」と説明されるので、おうちで教えるときの参考にしてください。

次に長方形は、「かどがみな直角になっている四角形」、そして、正方形は、「かどがみな直角で、辺の長さがみな同じ四角形」と習います。こう考えると、正方形が長方形の仲間だということが、分かりやすいですね。

また、直角三角形も習います。直角三角形は、「1つのかどが直角になっている三角形」と説明されます。三角定規の形も直角三角形だと分かるので、これを使って図形の直角を調べることも試してみましょう。

このように図形を構成している辺やかどに注目して実際のものにふれつつ、形の特ちょうをとらえながら覚えましょう。「ちょう点」「辺」といった言葉も一緒に説明してください。

例題 直角を作りなさい。

切れ端など直角のない紙を用意してください。

1

1回折って、
もう1回折るね。
そうすると、ここに
できるかどの形を
直角というんだよ

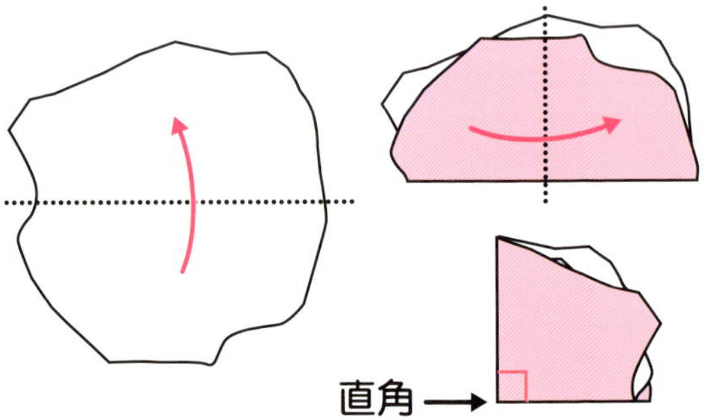

紙を半分に折って、さらにへりがきちんと重なるように折ってできたかどを使って説明します。

答え 上の図を参照ください

例題 次の図で長方形や正方形を見つけなさい。

マス目のある方眼紙などに、いくつか四角形を書き、三角定規を用意してください。

1

長方形は、かどがみんな直角になっている四角形だね。じゃあどれかな？

2

その中でも正方形は、かどがみんな直角で、辺の長さがすべて同じ四角形だね。すると長方形のうちどれが正方形かな？

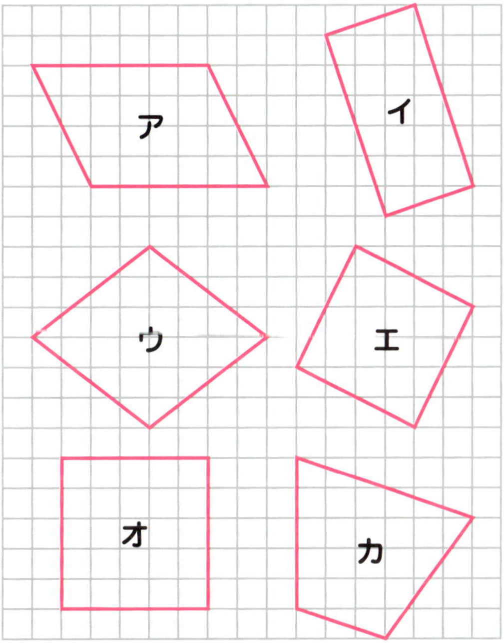

まず三角定規で各四角形の直角を調べましょう。イ、エ、オが長方形と分かります。次にそれらの辺の長さを調べます。するとその中でもすべて同じ長さのエとオが正方形だと分かります。

答え **長方形…イ**
正方形…エ、オ

※正方形も長方形の仲間なので、エとオを長方形に書いてもかまいません。

まとめ

- 直角は「紙を2回折ってできるかどの形」、長方形は「かどがみな直角の四角形」、正方形は「かどがみな直角で、辺の長さが同じ四角形」
- 四角形の名前を暗記するのではなく「どういう形なのか」を考える

COLUMN 3

テープ図を書くには、まず絵からスタート！

文章題などを解くときには、図を書くことが有効です。その場合、「テープ図」を使います。高学年になると線だけで書く場合もあり「線分図」とも呼ばれます。

数量の大きさをテープで表すことは、大人には簡単ですが子どもには、次のような理由で難しく感じることがあります。①個数や人数などバラバラのものを連続したテープで表さなければいけない。②数量どうしの関係が分からないと図が書けない。③未知の量をおおまかにテープの長さで表さなければならない。④どこから書きはじめてよいかわからない。

これらの問題をクリアしてテープ図が書けるということは、すでに問題が解けている証拠といえます。テープ図は書いて考えるというより、数量を整理するためのもの、あるいは、考えを人に説明するためのものだといえるでしょう。

ですから、算数の苦手な子どもに「テープ図を書いて考えなさい」というのは、なかなか無理な注文です。子どもに考えさせるなら、下手でもいいから、情景を絵に書いてもらうことからはじめましょう。文章題をストーリーとして思いえがくことができると、解決の糸口が見つかることが多いのです。そして、絵を徐々に抽象化していくことで、図にむすびつくのです。また、テープ図や線分図はあるとき、突然分かるようになるようです。しかし、それにはおうちの方の協力もかかせません。文章題を説明するときは、積極的に図を用いるなど、子どもに慣れ親しませることが大切です。

おうちで完全マスター!!

「算数の教え方」がわかる本

3年生

3年生では、
小数の学習がはじまり、
分数も計算がはじまるなど
新しい数をたくさん勉強します。
身のまわりの小物や素材を
使うことで、算数に親しみを
持たせてください。
子どもが楽しみながら
学習できるようにしましょう。

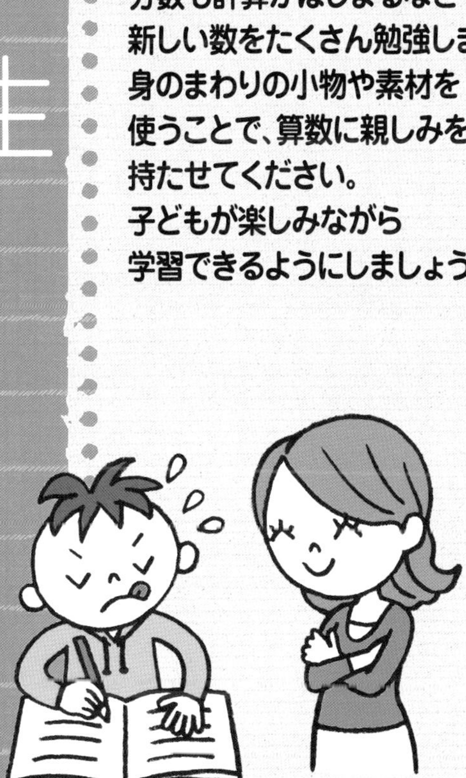

3-1

3年生　わり算

わり算を計算しながら、しっかり九九の復習

わり算には、2つの意味があります。まず1つは、「12個のクッキーを3人に分けると、1人分は何個ですか（等分除《とうぶんじょ》）」というもので、均等に3つに分ける問題です。そして、もう1つは、「12個のクッキーを3個ずつ分けると、何人に分けることができますか（包含除《ほうがんじょ》）」という3がいくつ含まれるかという問題です。

前者は違う単位でわり、後者は同じ単位でわるという点が違うので、単位のつき方を確認してください。

またわり算にとって、九九はとても大切です。12 ÷ 3 =□という問題で、九九があいまいだと計算に時間がかかってしまいます。2年生の「分数」では図を書いて同様のことを少し学んでいますが、ここでは九九を使いましょう。ただ逆にいえば、**わり算の学習を重ねるうちに九九がしっかりしてくるという面もあるので、九九の練習と並行してわり算を勉強するといいでしょう。**

例題　12÷3=□

クッキーなど小さくて数えやすいものを12個用意してください。

1

ここにクッキーが12個あるよ

クッキー 12個

子どもにクッキーを見せます。

2

3人の子に
同じ数ずつ分けると、
1人何個のクッキーに
なるかな？
4個だね。
これが12÷3という
意味なんだよ

（1人あたりのクッキーの個数）×3人＝12個

3人の子どもがいるとして、クッキーを分ける場合、□×3＝12となり、□つまりクッキーの個数を考えることになります。

3

今度はクッキーを
3個ずつくばると、
何人にあげられるかを
考えてみようね。
1人、2人…4人だね。
これも12÷3という
意味なんだよ

3個×（クッキーをくばる人数）＝12個

一人に3個ずつ分ける場合、3×□＝12となり、□つまり子どもの人数を考えることになります。

4

2つの考え方があって
どちらも九九を
もとにして計算できるね

答え **4**

まとめ

- わり算には2通り意味があるということを、まずパパとママが理解する
- 時間がかかるようであれば、九九が不十分なので、九九を並行して練習する

3-2

3年生　かけ算のひっ算

かけ算のひっ算は、ケタがふえると間違えやすい

学校では1ケタの数をかけるひっ算と2ケタの数をかけるひっ算を分けて習いますが、**ケタ数が違っても大事なのは「ケタをそろえて書くこと」です。**おうちでも細心の注意をはらってください。

「2ケタ×1ケタのひっ算ができれば、考え方は同じだからすべてできる」と大人は思いがちですが、ケタ数がふえると手順もふえていきます。3ケタ×2ケタの計算ともなると、計算の処理の回数は10回以上になります。1回でも計算を間違えると正しい答えはでません。手間がふえる分、間違えるところも多く、子どもの算数嫌いの原因となることが多いといえます。

またひっ算を学習すると、本来は暗算でできるものや簡単な位取りの理解で可能な計算（200×30など）までひっ算をする子どもがでてきます。間違いではありませんが、見積もりの力がつかないので、方法を使い分けられるよう指導しましょう。

例題　25×38＝□

たし算やひき算のひっ算と同じようにケタをそろえて数字を書きましょう。

1

8×5＝40で、4はくり上がるからここに書いておこうね。次に8×2＝16で、16と4をたして20だよ

```
    2 5
×   3 8
――――――
    4
  2 0 0
```

まず8×5を計算して40なので、4がくり上がります。次に8×2＝16なので、くり上がった4と16をたして20を書きます。

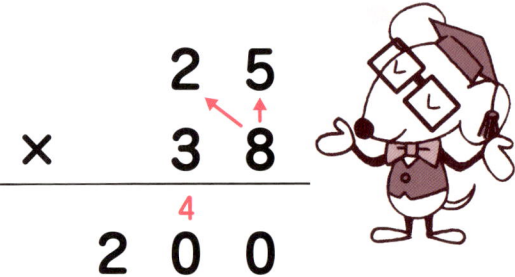

2

3×5＝15で、1はくり上がるからここに書いておこうね。次に3×2＝6だから、6と1をたして7だね

3×5を計算して15なので、1くり上がります。次に3×2＝6なので、くり上がった1と6をたして7と書きます。

```
      2 5
×     3 8
---------
      4
  2 0 0
  1
  7 5
```

3

一の位は0をおろして、十の位は0＋5＝5、百の位は2＋7＝9だから答えはいくつかな？

❶と❷で計算したものをたします。一の位は、0をそのまま下におろしてきます。このときかけ算のくり上がりで書いた4や1をたさないように。

```
      2 5
×     3 8
---------
      4
  2 0 0
  1
  7 5
---------
  9 5 0
```

答え **950**

ココが教えるポイント！
でちゅうぅ～！

大きな数のかけ算には、おおよその答えを予想しておくと役に立ちます。たとえば、402×18という計算なら、400×20でおおよそ8000前後の答えがえられるはず。こうして予想しておけば、おかしな答えがでてきたときに（たとえば10000以上など）「おかしい」と気づくことができます。

まとめ

- ケタがふえてもケタをそろえて書くということを徹底する
- 同じ手順といっても、ケタがふえるとそれだけ手間がふえ、間違いが多くなると意識する

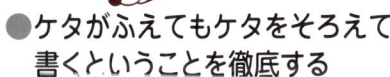

3-3 あまりのあるわり算の文章題は、「あまり」に注意！

あまりのあるわり算は、単純にかけ算の逆ではありませんが、九九がとても重要になるので、しっかり学習しておきましょう。

あまりのあるわり算の文章題で、気をつけたいのが、あまりのあつかいです。答えとあまりの単位が子どもには難しい上に、次のような処理が必要なものがあります。

「15Lの水を運ぶのに、2L入るペットボトルを使うと、何回で運べますか」という問題と「幅15cmの本棚に厚さ2cmの本を並べていくと、何冊並べることができますか」という問題です。どちらも15÷2＝7あまり1ですが、前者は、あまりの1Lも運ぶ回数に入るので8回、後者は、あまりの1cmのすき間に本が並ばないので7冊となります。

あまりのあるわり算を使った文章題は、状況がきちんと把握できるように、場面を思いうかべて考える習慣をつけましょう。

例題 15Lの水を運ぶのに、2L入るペットボトルを使うと、何回で運べますか？

子どもが想像しにくい場合は、絵を見せて説明してください。

1

この文章をわり算になおすとどうなるかな？
15÷2で
答えは7あまり1

15L
2L

問題を想像して、わり算の式になおしましょう。15Lから2Lずつ取っていきます。

あまりを
どうあつかえば
いいかな

※以前は、「7…1」と書く場合もありましたが、今では使わなくなっています。

2

2×7＝14（L）
だから、1L残る
ということなんだよ。
そうすると、全部で何本
必要になるかな？

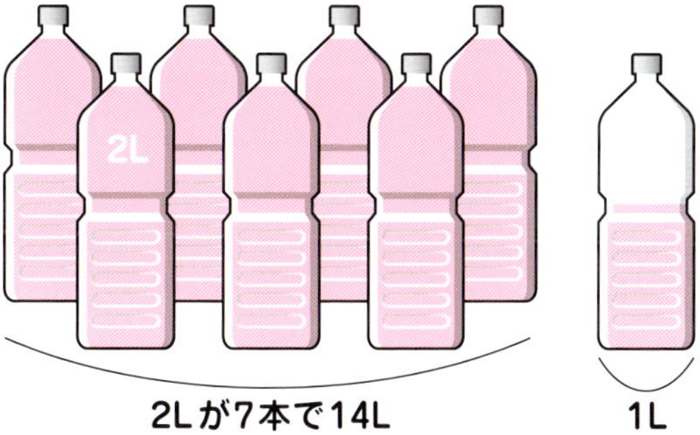

※くわしい「かさ」については、P50を見てください。

あまりの1Lをどうすればいいか問題の意味を考えましょう。

答え　8本

例題　幅15cmの本棚に厚さ2cmの本を並べていくと、何冊並べることができますか？

1

これをわり算に
なおすとどうなるかな？
15÷2で
答えは7あまり1

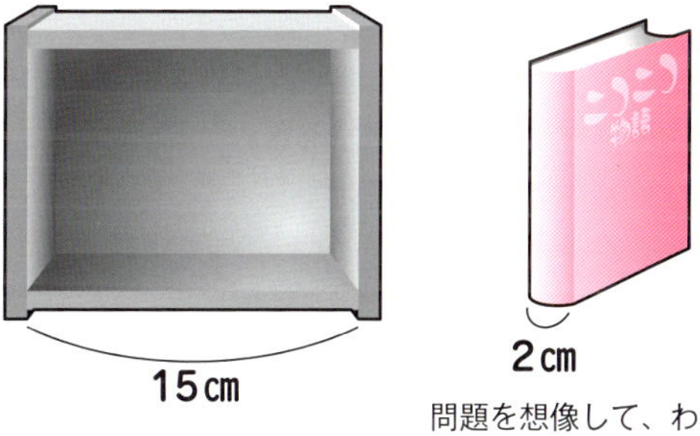

問題を想像して、わり算の式になおしましょう。15cmから2cmずつ場所を取っていきます。

2

2×7＝14（cm）
今15cmだから
1cmすき間が残っちゃう
ということだね

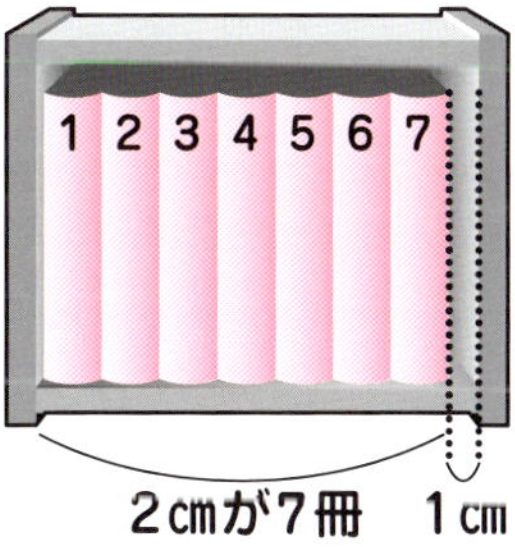

あまりの1cmに本が入らないということを考えてみましょう。

3

でも1cmの間に2cmの
本は並べられないよ。
さあ何冊並べられるかな

答え　7冊

まとめ

● あまりのあるわり算の文章題は、場面を思いうかべながら、あまりをどうしたらよいか考えるくせをつける

3-4 小数は、「端数」という考え方を身につける

3年生　小数の意味

学校では「小数は、1に満たない端数部分の大きさ」として導入されます。教科書では「あまりの大きさ」と書かれていることもあります。「ポットに入っている水のかさを調べたら、2Lとあまりがありました」というような状況を説明したあとに、「1Lの$\frac{1}{10}$のかさを0.1Lと表す」と習います。

つまり**整数では、10集まると新しい上の単位になりましたが、逆に小数では10に分けると新しい下の単位になる**ということですね。

最近ではペットボトルの飲み物に「1.5リットル」などと書かれているので、子どもにとっても少し身近に感じられるかもしれません。

また、2年生で習った「かさ」のことを忘れてしまっていることもあるので、この機会に復習してください。混乱してしまう場合は、まずは数直線や位取りの部屋で説明してもよいでしょう。

例題　1L5dL＝□L

1　1dLは、1Lを10に分けた1つのかさのことで、0.1Lというんだよ

1L＝10dL
0.1L＝1dL

Lと dLの関係を復習しましょう。そして1dLが小数で表すと、どんな大きさなのかを説明してください。

2

5dLは、0.5Lになるね。そうすると1L5dLは何Lかな？

5dL＝0.5L

1L5dL は、1L と 0.5L で 1.5L になると説明してください。

答え **1.5L**

例題 次の数直線で2.5は、どこですか？ アにあたる数は、いくつですか？

1

0.5は、1を10等分した5つ分だね。数直線の1目盛りは10に分かれているから…

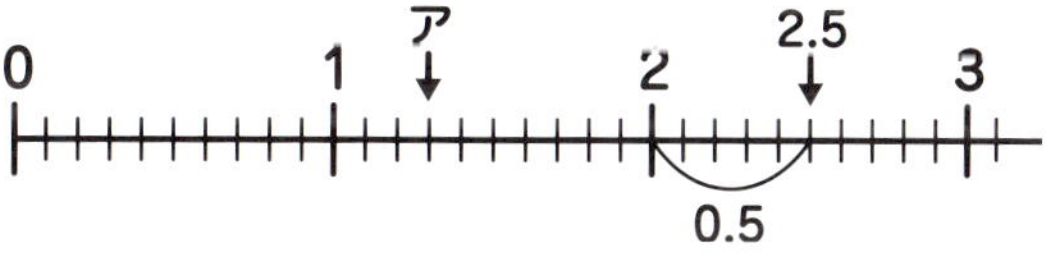

2.5を2と0.5と考えます。そして1目盛りが0.1なので、2からはしたの0.5、つまり小さい5目盛り進むと考えましょう。

2

アは、1と2の間で、1から3つめの目盛りのところだね。1目盛りは0.1だから、1と0.3でアは、1.3だね

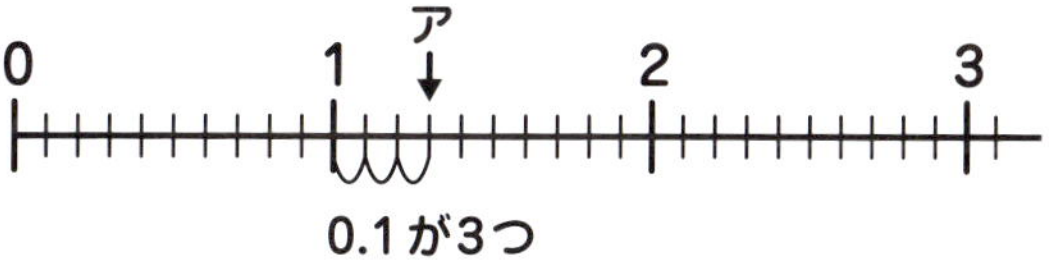

アの目盛りが1から3目盛りのところだと確認しましょう。

答え **上の図、ア…1.3**

まとめ

- 「小数は、端数の大きさの表し方」と理解する
- 小数は、10に等しく分けることで新しい下の位になると教える

3-5

3年生　小数のたし算とひき算

小数のたし算とひき算は、絵や線分図を利用

小数のたし算とひき算は、0.5＋0.8のように小数点以下のケタ数がそろっているものはやさしいのですが、7＋0.8になると1.5と答えてしまうことがあります。また、文章題でも出題されるので、気をぬかないでおきましょう。

文章題で小数をあつかうときは、ミカンやリンゴといった数えやすいものではなく、「長さ」「かさ」「重さ」など「量」をテーマにした問題なので、これが子どもたちには分かりにくいようです。

つまり「5個のミカンと3個のリンゴの数の差」ということは想像できても、「5.3kgと2.1kgの米の重さの違い」といわれても、なかなか想像できないのです。

このように小数の文章題は、想像しにくいものを言葉だけで読みとり計算しなければいけないので難しいのです。**問題の意味が分からないときは、まずは絵に書いてみたり、線分図にすると理解しやすいでしょう。**

例題　5.3kgの米と2.1kgの米は、どれくらい重さが違いますか？

絵に書いて想像してみましょう。

※重さについては、P64を参照してください。

1

5.3kgは、
1kgの袋が5個と
0.1kgの袋が3個
あるということだね。
2.1kgも同じように…

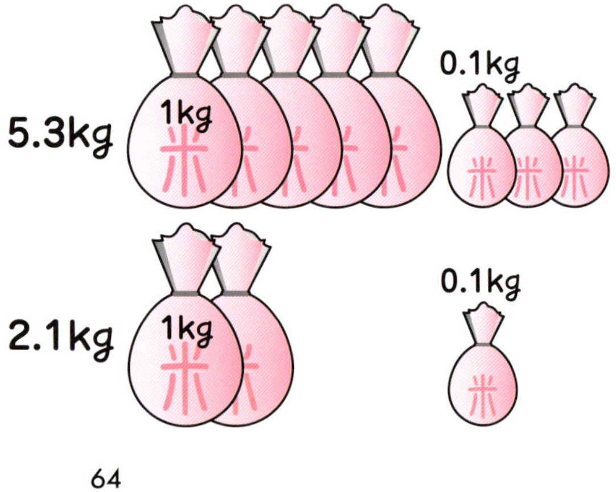

2

違いはどれだけかな？1kgの袋が3個、0.1kgの袋が2個だから、あわせて何kgかな？

絵を見ながら、いくつ違うか数えてみましょう。式で表すと 5.3 − 2.1 ＝ 3.2 となることも説明してください。

答え 3.2kg

慣れてきたら線分図で考えよう

例題 11−3.2をひっ算で計算しなさい。

1

小数の計算は、小数点をそろえるのが大切だよ。整数の11にも小数点がかくれているよ

小数点の位置をそろえて、ひっ算の式を書きます。11は、11.0のように0がかくれていることを説明してください。

$$\begin{array}{r} 11.0 \\ -\;\;3.2 \\ \hline \end{array}$$

2

11.0−3.2をひっ算で計算してみると、7.8になるね

整数と同じ手順で計算します。答えにも小数点をつけることを忘れないようにしましょう。

$$\begin{array}{r} \overset{0}{1\not{1}}.0 \\ -\;\;3.2 \\ \hline 7.8 \end{array}$$

答え 7.8

小数点がかくれているよ！

まとめ

- 小数の計算（たし算とひき算）は、小数点をそろえる
- 分かりにくい場合は、絵や線分図にするくせをつける

3-6

3年生 分数の意味

分数で、端数部分の大きさ(量)を表す

2年生で学習した分数は1つのものを等分するときの言葉としての分数でした。3年生の分数も等分から学習が始まりますが、2年生と違って、1mや1Lといった定まった単位量を等分することがもとになります。そうやって何等分かされた量がいくつ集まってできているかを表すのが3年生の分数です。たとえば、1mのテープを3等分したうちの1つが$\frac{1}{3}$m、その2つ分が$\frac{2}{3}$mといった具合です。いいかえれば、**「分子が1の分数のいくつ分」として1より小さな端数部分の大きさを表す数なのです。**

ですから、2年生で学んだ等分を表す分数と違って、3年生の分数は分子が1とは限りませんし、実際的な大きさを持つので、単位がつくのです。

なお、子どもにとって「等分」という言葉が難しい場合は、パパとママが正しい使い方の手本を示し、覚えて使えるようにしてあげましょう。

例題 1mのテープを3等分しました。色がついている部分は、何mですか？

ノートなどに、右のような図を書いてください。

1

1mのテープが等しく3つに分かれているね。このとき1つ分の長さを$\frac{1}{3}$mというんだよ

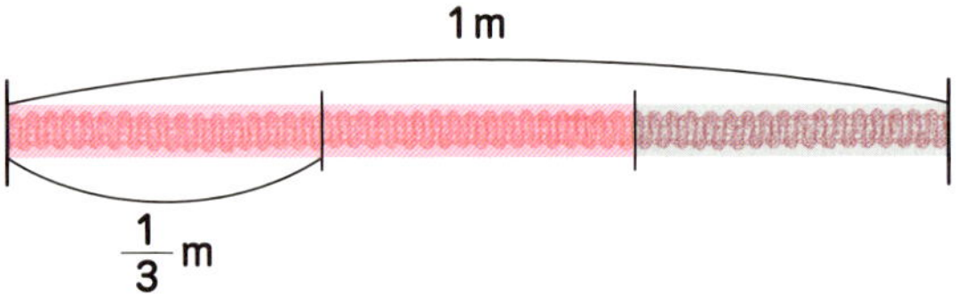

テープの印を見ながら、1mを3等分した1つ分が$\frac{1}{3}$mだと説明してください。

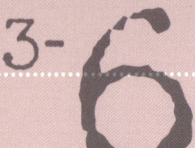

2 色がついているところは2つ分だから…

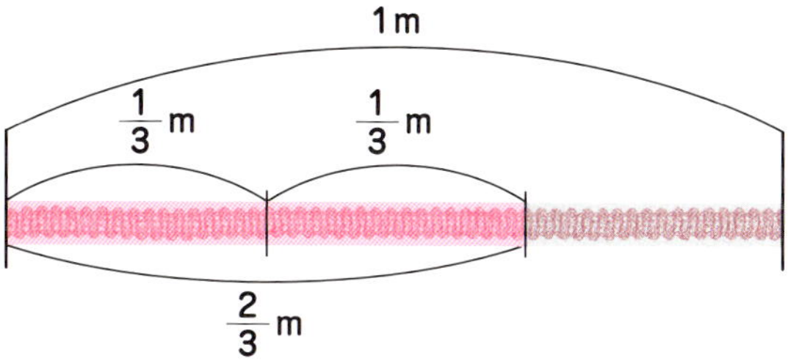

答え $\frac{2}{3}$m

例題 次の数直線で$\frac{3}{5}$は、どこですか？

ノートなどに、右のような数直線を書いてください。

1 $\frac{3}{5}$は、$\frac{1}{5}$が3つ分という意味だね

2 $\frac{1}{5}$の3つ分の大きさの目盛りが数直線での$\frac{3}{5}$の場所だよ

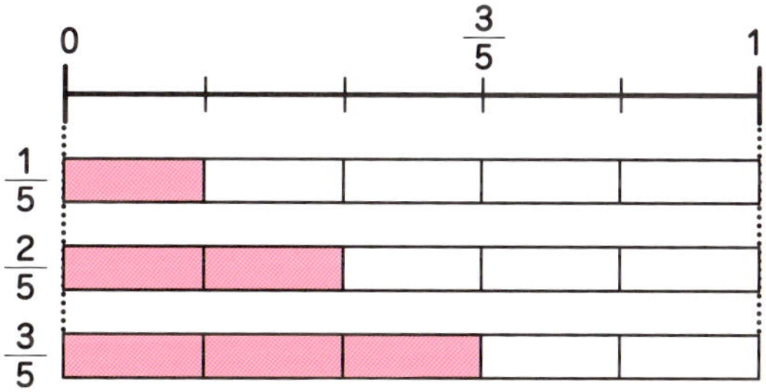

上の図のように書くことで、大きさとしての分数を数直線上の場所として表すことができます。

答え **上の図を参照ください**

※数直線は、直線の上に目盛りをとって数を対応させるもので、右に行くほど大きな数を表します。テープ図（線分図）は、問題文にあたえられた量の間の関係をとらえるためのもので、量はテープの長さとして表されます。

まとめ

- まずは量を表す「量分数」からはじめる
- 分数に単位をつけたり、テープ図で考えてみる

3-7

3年生　分数のたし算とひき算（同分母）

分母が同じ分数の計算は、メートルを使って説明

3年生で習う分数の計算は、同じ分母のたし算とひき算です。単位のない数字だけの分数（割合分数）を計算するとき、子どもは次のような間違いをすることがあります。

$\frac{2}{7}+\frac{3}{7}=$□を「7個のうちの2個」と「7個のうちの3個」をたしたのだから、「14個のうちの5個」で$\frac{5}{14}$になると考えてしまうのです。

このような間違いをしたときは、**mなどのついた量の分数を使って説明するのがコツです。**目で見ても分かるように図やテープを使うと、より分かりやすいでしょう。$\frac{2}{7}$m＋$\frac{3}{7}$mという問題であれば、「$\frac{1}{7}$mの2つ分」と「$\frac{1}{7}$mの3つ分」をたすと「$\frac{1}{7}$mの5つ分」なので$\frac{5}{7}$mになると考えれば、子どもにも理解しやすくなります。

「分母が同じ分数のたし算やひき算は、分母はそのままにして、分子だけを計算する」ということを実践できるようにしましょう。

例題　$\frac{2}{7}+\frac{3}{7}=$□

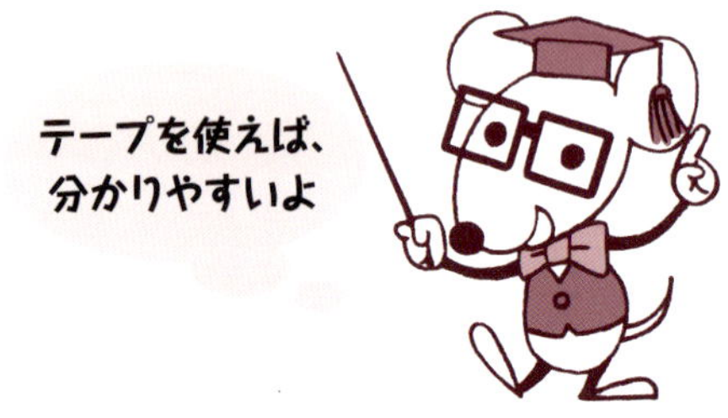

テープを使えば、
分かりやすいよ

1

1mのテープがあるよ。これを7つに等しく分けた2つ分が$\frac{2}{7}$だね

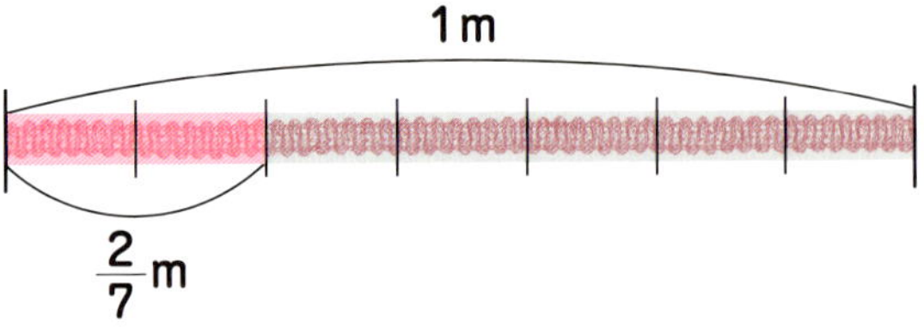

1m
$\frac{2}{7}$m

分数をまず1mのテープにおきかえて考えてみましょう。$\frac{2}{7}$がテープのどこになるか、図で確認してください。

2 7つに等しく分けた3つ分が$\frac{3}{7}$だね

↓

3 $\frac{2}{7}$と$\frac{3}{7}$をたすといくつになるかな？

$\frac{3}{7}$も同じように図で確認してください。そして、図の中で２つをたすといくつになるか見てください。

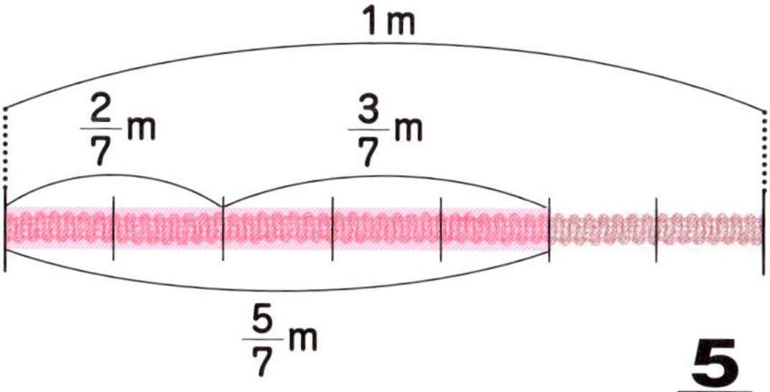

答え　$\frac{5}{7}$

まとめ

- mなどの単位を使いながら、図で説明する
- 「分母が同じ分数は、分母はそのまま、分子だけ計算」ということをしっかり身につける

ココが教えるポイント！
でちゅうぅ〜！

難しいのは、１から分数をひく計算です。ひく分数に応じて１を$\frac{3}{3}$や$\frac{5}{5}$と表さなければならないからです。気をつけて計算しましょう。

子どもはココで間違える！

下の図のように、「7 個のうちの２個」と「7 個のうちの３個」をたして「14 個のうちの５個」と考えてしまうことがあるので、気をつけてください。

分母をたしちゃダメだよ！

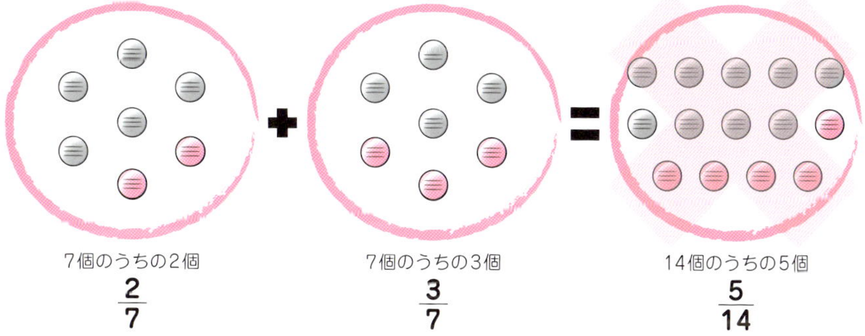

3-8

3年生　重さ

重さは、実際にはかることで、感覚を身につける

「重さ」も量の1つです。「長さ」「かさ」などは目に見えますが、「重さ」は目に見えないので、子どもには分かりにくいといえます。

学校では、天びんを使い、重さを比べることからはじめ、重さの単位としてg（グラム）とkg（キログラム）とt（トン）を習います。1円玉1個の重さがちょうど1gということは、覚えておいてもいいでしょう。

実際に重さをはかるにはもちろんはかりを使います。このとき、はかりの使い方も学習しますが、目盛りの読み方が分からない子どもが意外に多いのです。ものさしだと小さな目盛りは1㎜ですが、はかりの場合1目盛りがものによって違うので、読み方も注意してください。

おうちでは、料理に使うはかりなどを使って重さ調べをするといいでしょう。このとき、はかりに2つのものをのせると、それぞれの重さの合計になることを実際に確かめておきましょう。

例題　次のはかりの目盛りは、何gですか？

絵でもかまいませんが、はかりがあれば実際のせてはかりましょう。

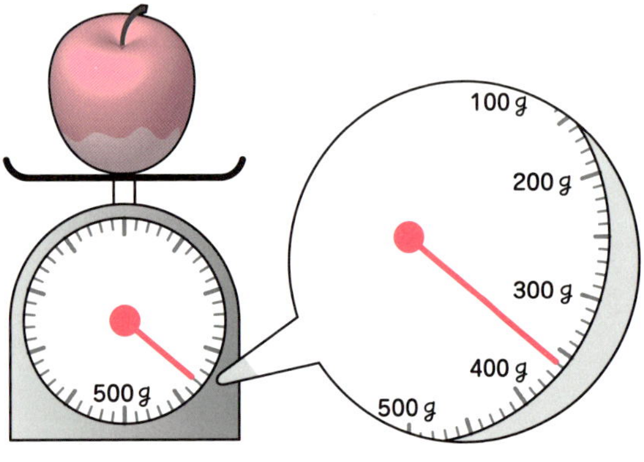

1
300gと400gの間だね。1目盛りが何gか分かるかな？

はかりの目盛りを見ながら、説明してください。

答え　**360g**

例題 ジュースをコップに入れてはかったら450gありました。コップの重さは120gです。ジュースの重さは、何gですか？

ジュース（または水）とコップを用意してください。
（重さが本問と異なる場合は、数値を変えてください）

1

ジュースとコップをあわせた重さが450gなんだよ

ジュースをコップに入れて、はかってみてください。

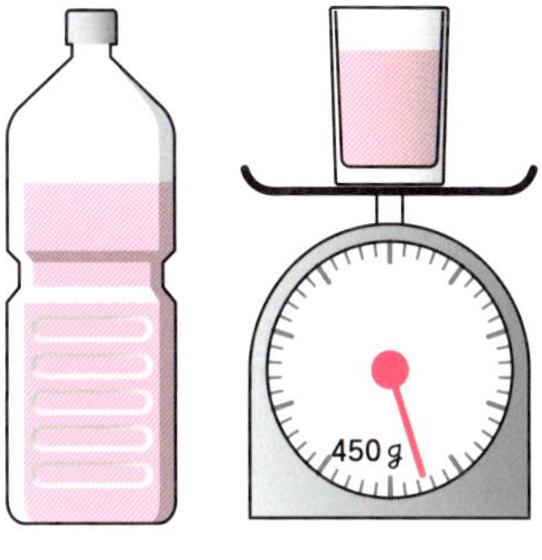

2

コップが120gだから、ジュースだけだと450g－120gで330gになるね

コップだけもはかってみて、先ほどの重さと比べましょう。
450 － 120 ＝ 330（g）でジュースの重さが計算できます。

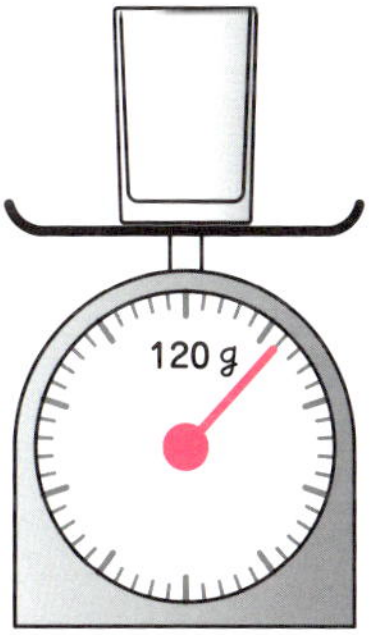

450 － 120
＝ 330(g)

答え 330g

まとめ

- 「1kg＝1000g」という関係を覚える
- はかりで実際にあるものをはかって、重さの感覚を養う

子どもはココで間違える！

「わた 1 kgと鉄 1 kgではどちらが重い？」と聞くと、わたや鉄という言葉の印象で「鉄」と答える子どもがいたり、「重さ」と「かさ」の区別がつかず、大きいものは重く、小さいものは軽いと思っている子どもがいます。また、ねんどのかたまりを見せてうすく伸ばすと、「重さは変わる」と答えたりもします。可能なかぎり実際はかってみましょう。

3-9

3年生 単位のしくみ

単位換算ができても仕組みに気づいていないこともある

長さ、重さ、かさの単位では、m（メートル）、g（グラム）、L（リットル）といった基本的な単位の前に、ミリやキロといった接頭語がつくことで、色々な大きさの単位が作られます。接頭語を知ることで、単位の作り方を統一的に見ようという学習内容が3年生にあります。ただし、t（トン）は言い方が例外的なの注意してください。

ミリは$\frac{1}{1000}$を表し、キロは1000倍を表しますが、3年生で$\frac{1}{1000}$というのは未習なので、ミリから見て、1000倍で考えます。

ただし、注意しなければならないのは、**たとえば1km＝1000mという関係がわかっているからといって、子どもがkmはmの1000倍であるということを認識しているかということは別だということです。**単に置き換えて処理しているということもありますので、パパとママには注意してもらいたいところです。

例題 次の□にあてはまる数をいいましょう

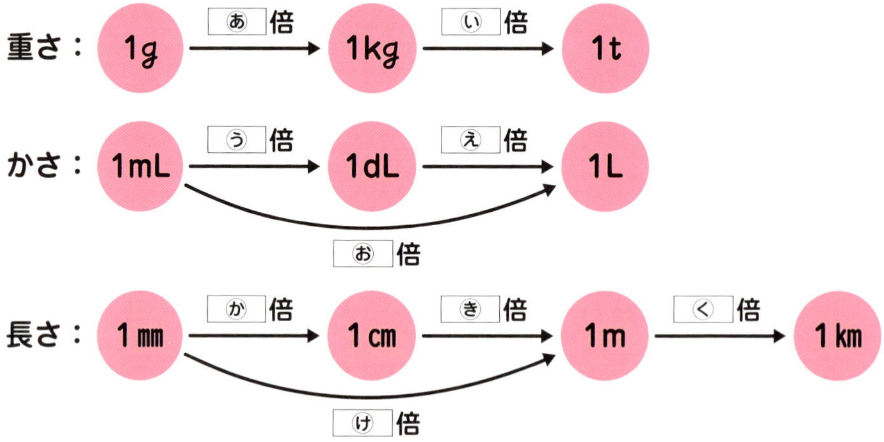

1

1kg＝1000gだね。
ということは1kgは
1gのいくつ分かな？
そう1000個分だね。
ということは1kgは
1gの何倍かな

いきなり1000倍がむずかしい場合は“いくつ分”をつかって数えるのがポイントです。

答え あ…1000倍

2

同じようにやって
い、う、え、か、き、
くを考えてみよう

い…1000倍　う…100倍
え…10倍　か…10倍
答え き…100倍　く…1000倍

3

おとけはどうかな。
関係図を書いて
かんがえてみよう。
そうするとわかるよ

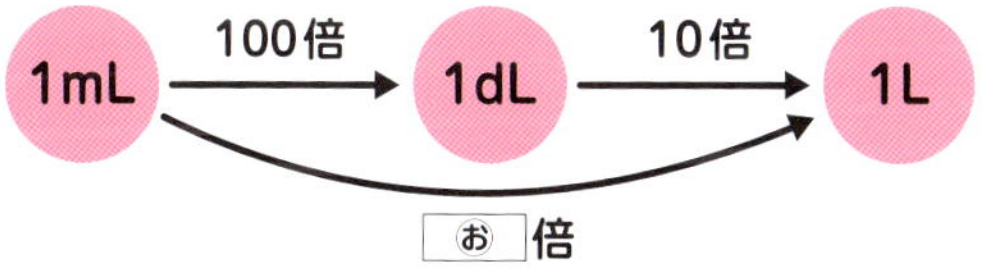

おは 100×10＝1000

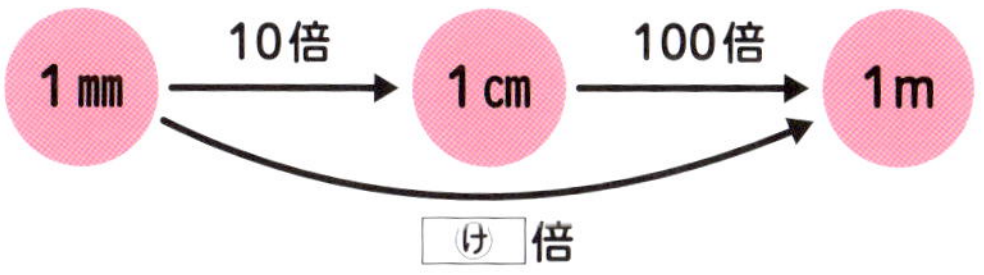

けは 10×100＝1000

答え お…1000倍
け…1000倍

ココが教えるポイント！
ぢちゅううう〜！

このあとであとく、おとけを見て気付いたことを考えさせて下さい。そしてk（キロ）がつくと1000倍になりm（ミリ）がとれると1000倍になることに気づかせましょう。

まとめ

- 単位はk（キロ）がつくと1000倍になる
- 単位はm（ミリ）がとれると1000倍になる

3-10

3年生　三角形

コンパスを使って三角形を書けるように

3年生では、正三角形と二等辺三角形を学習します。「2つの辺の長さが等しい三角形を二等辺三角形といい、3つの辺の長さがみな等しい三角形を正三角形という」と習います。

また、分度器こそ使いませんが、3年生では「角」も習い、「二等辺三角形は、2つの角が同じ」「正三角形は、すべての角の大きさが同じ」と学習します。

二等辺三角形を作図するときは、コンパスを使って書いてみてください。円を書く道具と思っていたコンパスで長さをはかりとったり、三角形が書けることを、驚きながら話してあげましょう。コンパスを使った三角形の作図はこれからも出てくるので、この機会にできるようにしておいてください。

二等辺三角形や正三角形ができたら、切り取って等辺が重なるように半分に折ってみましょう。2年生で学習した直角三角形ができますね。

例題　辺が6㎝、8㎝、8㎝の三角形を書きなさい。

紙とコンパス、ものさしを用意してください。

1

まずは、6㎝の辺をひくんだよ。次にコンパスを8㎝に開いて…

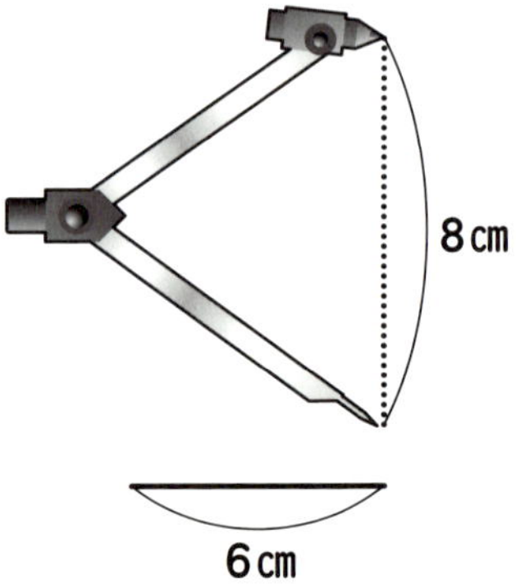

6㎝の直線を書きます。次にものさしを使って、コンパスを8㎝開いてください。

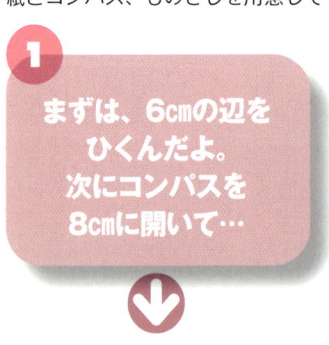

2

ここにあわせて、コンパスでこうやって印をつけるんだよ。8cmの辺が2つあるから、右も左も同じようにしてみようね

直線の左の端にコンパスの針をあわせ、それを中心にして、小さなな円の弧を書きます。

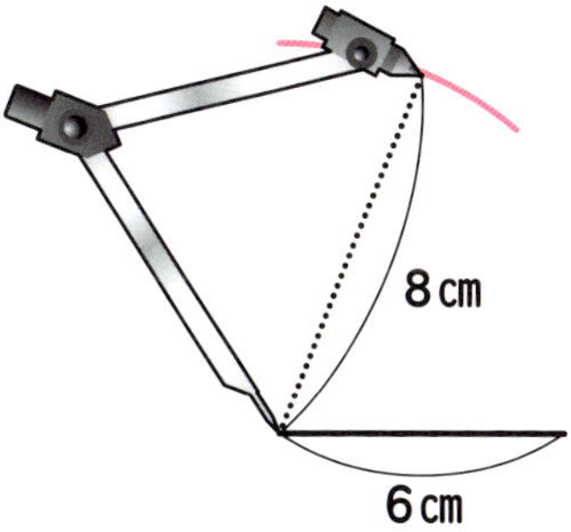

3

ほら印が交わる点があるね、この点と6cmの直線の端をむすぶんだよ

右も同じように円の弧を書きます。2つの印が交差する点と6cmの両端をものさしでそれぞれむすびましょう。

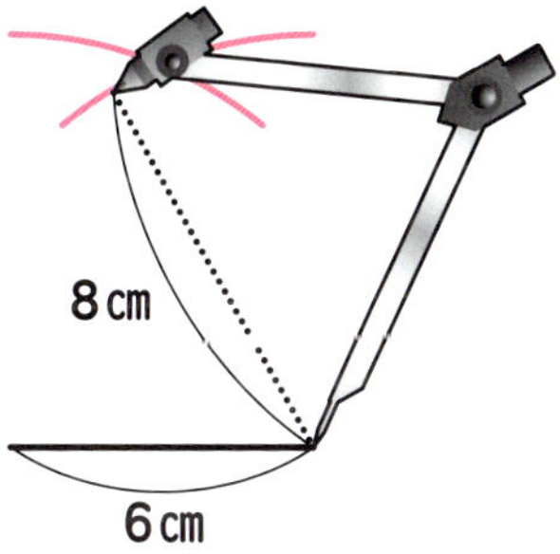

4

三角形ができるね。これは二つの辺が同じ長さ(8cm)だから二等辺三角形になるんだよ

図を見せながら、二等辺三角形の説明もしてください。

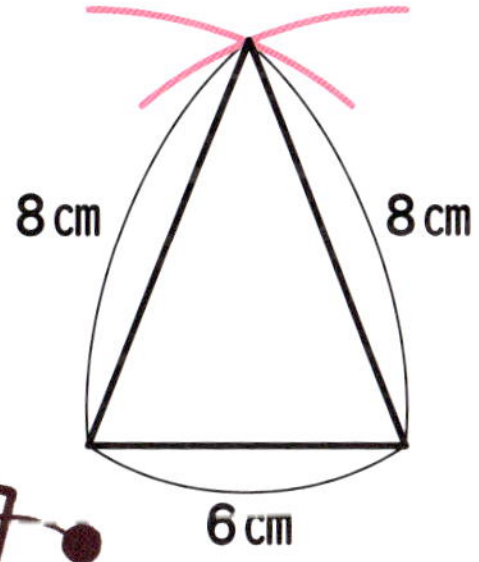

答え **右の図を参照ください**

まとめ

- 三角形の種類は、図を見ながら特ちょうを知る
- ものさし、コンパス、分度器などを使って三角形を書くことに慣れる

ココが教えるポイント!
でちゅうう〜!

三角形に慣れるために、正三角形をしきつめた模様や、二等辺三角形と正三角形で書いた絵などで遊んでみるのもいいでしょう。学校の授業では、折り紙やストローなどを使って習います。おうちでもなるべく、手を動かしながら三角形を体験させるようにしてください。

3-11

3年生　円と球

円は、図を書けるかどうかがポイント

円の学習は、**「中心・直径・半径」の関係をしっかり頭に入れておく必要があります。**子どもは、半径や直径という言葉をなんとなく知っているのですが、実際に自分で図にして使いこなせるようになるまでには時間がかかるのです。

円に関わる計算問題は、5年生以降に習いますが、そのときに半径や直径の意味が完全に分かっていないと、つまずいてしまいます。また円周や円の面積を求める場合、図があると正しく答えられるけれど、図がないと混乱することも多いようです。そのときに、自分でさっと円の図が書けるようになっていると、迷わないですみます。ですから、**3年生では、円と直径、半径を表す図が書けるようにしておきましょう。**

球は、半分に切り取って、半径、直径、中心などを学習します。頭の中で立体を動かすのは高度なので、果物やプチトマトなどを半分に切って利用するといいでしょう。

例題　コンパスを使って、次の図を書いてみましょう。

マス目のある方眼紙とコンパス、えんぴつを用意してください。

1

この図は、円の一部が、いくつか組みあわさっているよ。どれかな？

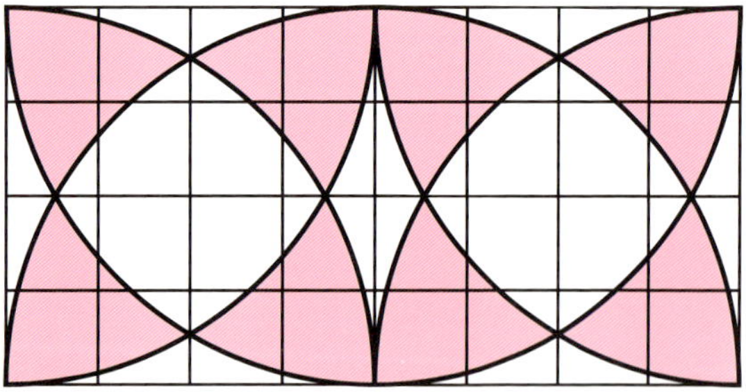

図を全体ではなく部分ごとに見ていきましょう。各円の弧に注目し、次に半径（直径）、中心を見つけてください。

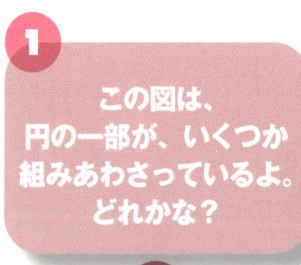

2

コンパスを この幅にあわせて みようね

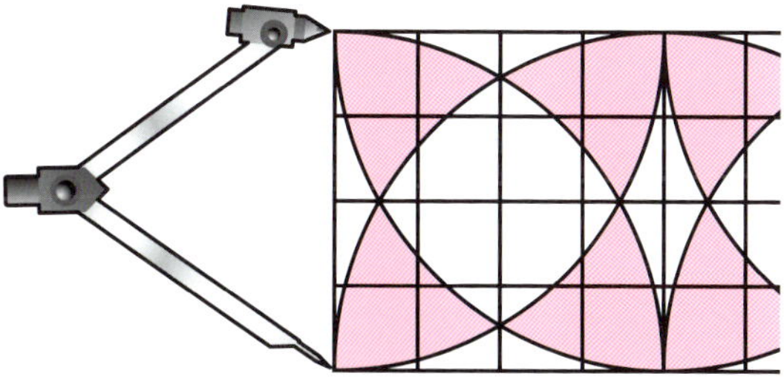

円の半径の長さをコンパスではかりとりましょう。

3

こうやって 書くんだよ。 さあ、やってみよう

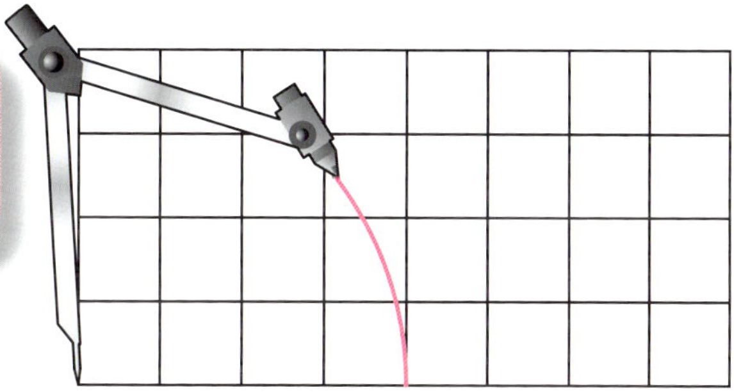

コンパスを使いながら、図を書いてみてください。最初はやって見せて、あとは子どもにやらせてみましょう。

4

図と同じように 色をぬったら 完成だね

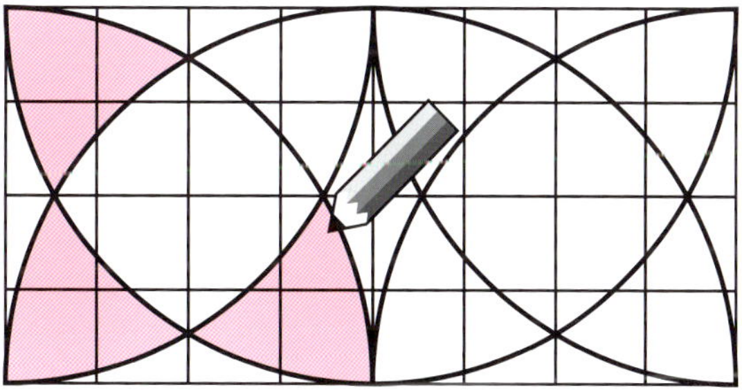

答え **上の図を参照ください**

まとめ

- 「中心・直径・半径」の関係をしっかり頭に入れ、図のどこをさしているか、分かるようにする
- はじめは、身のまわりにある円や球を見ながら理解する
- コンパスの使い方（円を書く、長さをはかりとる）をマスターする

3-12

3年生 棒グラフ

棒グラフは、タテの目盛りがかぎ！

数量の大きさを目で見てすぐに分かるように、棒の長さで表したグラフを棒グラフといいます。

グラフを読むときに注意しなければいけないのは、まずグラフの表題です。**何についてのグラフなのか確認し、次に単位が何かを確認しましょう。**グラフのテーマによって、単位が「円」の場合もあれば「人」や「個」の場合もあります。

また、**タテの1目盛りがいくつかということも重要です。**はじめは、1目盛りが1を表すグラフからはじめて、1目盛りが5や10を表すものや、100など大きな数を表すものについても読むことができるようにしておきましょう。

表を見てグラフを作るときは、逆に1目盛りをいくつにするかが、問題になってきます。一番多い数量を確認して、それにあわせて目盛りを決めることが大切です。いくつか問題を解いてみて慣れていきましょう。

例題 次の表は、クラスの友だちが持っているカードの枚数です。表を見て棒グラフを書いてみましょう。

マス目のある方眼紙などを用意してください。はじめは、タテと横に線をＬ字型にひいて、グラフに必要なスペースを考えます。

1 何のグラフなのかな？

友だちが持っているカード

なまえ	枚数
さくら	15枚
のりゆき	5枚
まゆみ	10枚
たかし	25枚

表を見て、どんなグラフを作らなければいけないのか考えさせてください。

2

横のほうに、4人のお友だちの名前を書こうね。するとタテは何を入れるのかな？カードの枚数だね。ここでは、1目盛りを5枚にして書いてみよう！

友だちが持っているカード

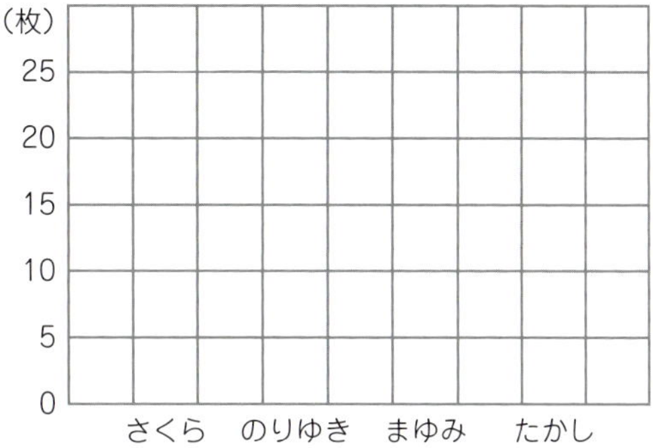

タテと横にそれぞれの要素や目盛りを入れてください。

3

あとは、表のカードの枚数だけ、棒グラフをぬるんだよ

表にあるそれぞれの枚数をグラフに書きこみます。

友だちが持っているカード

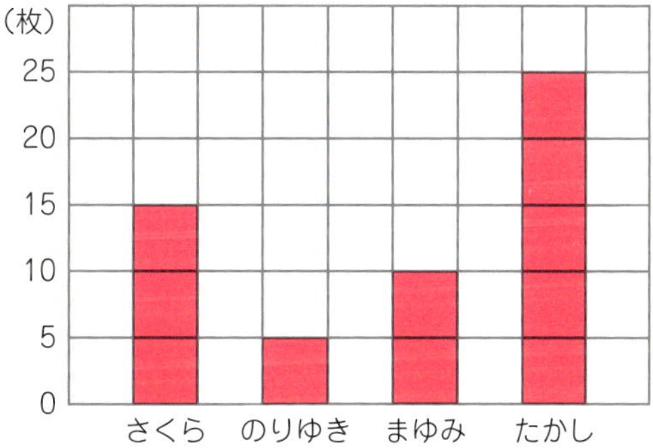

答え **右のグラフを参照ください**

まとめ

- どうして棒グラフにするのか意味を考える
- タテと横に何の要素が入るかを確認する
- 1目盛りをどれくらいにするかを問題にあわせて調節する

ココが教えるポイント！

でちゅぅぅ〜！

子どもはグラフにすることを面倒くさがったりしますが、表とそれを棒グラフにしたものを両方見せて、「グラフにしたら、どれが一番多くて、どれが少ないかすぐ分かるでしょう」と、要素の大小、また順番などが分かりやすいことを実感させてください。

3-13

3年生　□を使った式

未知数□を使って式を作ることはやさしくないと理解して

方程式に慣れているパパとママは、xの変わりに□を使って関係を式に表し、文章問題を解くことに、違和感を持たないかもしれません。しかし、これは子どもにとっては、その必要性からして大変分かりにくい考え方になります。簡単な問題なら、状況を思いうかべたり、図を書いたりすると解けてしまうものを、わざわざ□を使った式を書くことの意味がくみ取れないのです。

もちろん、将来数学で難しい文章問題を解くときには、こういう方法が便利であることを教えればいいでしょう。**しかし、数値を□とおくことで、いったん数値から離れて、事柄の間の関係を一般的に捉える練習としても意味があるのです。**

また、大人は□を使った式から逆算で□の中身を答えますが、**3年生では、見当をつけて□に数を入れて、答えを見つけられればそれでかまいません。**もし、逆算で□の中身を答えられたら、ほめてあげましょう。

例題　**箱の中にクッキーが何個かと、外に6個、全部で24個あります。箱の中のクッキーの個数を□個として式に書き、□にあてはまる数を答えましょう。**

1

まず、右の図だけを見て考えてごらん。箱の中に□個、外に6個だとあわせて何個になるかな？

クッキー □個　　クッキー 6個

2

□と6で、
□＋6個だね。
これが24個なので、
式はどうなるかな？

箱の中の数 ＋ 外の数 ＝ 全部の数

なので

$$\square + 6 = 24$$

未知数を□とする
ことに慣れよう

3

じゃあ、
□の中の数は何かな？
図を書いて考えても、
いろいろな数を
あてはめて
考えてもいいよ

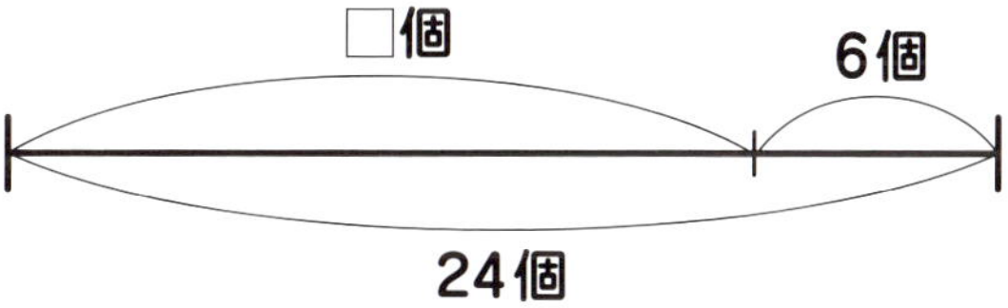

$$\square = 24-6$$

$$\square = 18$$

いったん言葉の式を作って、そこに□や数をあてはめていくのも効果的です。

答え **18個**

まとめ

- □を使って式をたてることは、未知の量を使って関係を組み立てることなので、難しいことだと理解しておく
- □を求めるには、必ずしも逆算ができなくてもOK

ココが教えるポイント！

でちゅううぅ〜！

□を使った式をたてるには、まずいったん24個をかくして教えましょう。たとえば、「箱の中に□個、外に6個だとあわせて何個になるかな？」というようにしましょう。24個をかくさないと「□個と6個で何個？」と聞くと、「24個」といわれます。

COLUMN ④

100倍は、子どもにとって意外にむずかしい

234×10、234×100のような計算は、3年生で習います。これらは、十進法との関係で「大きな数」でもあつかわれます。

上の答えは、2340、23400で、いずれも末尾に0や00をつけるだけなのですが、実際に小学生に解かせてみると、習いたてのときはともかく、少し時間がたってしまうと、234×100については、できなくなる子どもが多いのです。中にはひっ算で計算する子どももいます。

この計算は、概算するときに必要になってきます。たとえば、320×210のような計算をしたときに、300×200で概算して「答えは5ケタで60000より大きいな」というように計算の結果を見積もる上でも役に立ちます。ですから、暗算でぱっと答えがでるようにしておきましょう。

「位取り記数法」のいいところは、10倍すると末尾に0を、100倍すると末尾に00をつけるというふうに規則的に表記できるところです。漢数字では、二百三十四×百は、二万三千四百ですから、こうはいきません。

これらの計算について、おうちで教えるときは、「おしりに00をつけるだけだよ」で終わるのではなく、「数字ってこんなにうまくできているのだよ」と驚くべき事実として、子どもの興味をひきながら教えて、練習してみることをおすすめします。きっと算数への興味も増すことでしょう。

おうちで完全マスター!!

「算数の教え方」がわかる本

4年生

大きな数や概数などは
算数の中でもとくに子どもの
苦手とする項目です。
算数だけでなく、社会科などでも
必要になってくる考え方なので
小学校のうちに
きちんと理解しておきましょう。

4-1

4年生 大きな数

大きな数は、4ケタ区切りがポイント

「大きな数」は、大人の感覚ではただケタ数がふえただけですが、これまで実際のものやタイル、棒などで数を実感してきた子どもにとって、どれくらい大きいのかイメージができないので、抽象度が高くむずかしいといえます。

「32万×5億」のような万、億、兆と単位が変わる計算が弱いようです。**位取りの部屋をきちんと書き、4ケタごとに（つまり、1万倍するごとに）単位が変わるということを伝えてください。**

また、数の読み方は、右から4ケタごとに区切ると読みやすいのはいうまでもありませんが、慣れないうちは位取りの部屋を書いて考えましょう。

算用数字での表し方では、位を大きくしていくだけなので、いくらでも大きな数を表すことができます。しかし、日本の数の数え方では単位が必要なので、0が100個もつくような大きな数は読めないのです。

例題 次の漢字を数に書きなおしなさい。八十二兆千百九億二千四百六十一万七千

1 まず位取りの部屋を書いてみようね

千	百	十	一	千	百	十	一	千	百	十	一	千	百	十	一
			兆				億				万				

位取りの部屋を書いて、どこが何の単位か目で確かめてみましょう。子どもの理解が進むと千、百、十、一の欄が不要になります。

※1年生で100を少し越える数まで、2年生で1万まで、3年生で1億までの数、4年生で「兆」を習います。本書ではここでまとめて兆までを説明しています。

2

兆から一の位まで、それぞれの部屋に数字を書き入れてみようね

		8	2	1	1	0	9	2	4	6	1	7	0	0	0
千	百	十	一	千	百	十	一	千	百	十	一	千	百	十	一
			兆				億				万				

答え **82110924617000**

例題　次の数を漢字で書きなおしなさい。36222225345961220

1

位取りの部屋を書いて、一の位から順番に数字を入れてみよう

3	6	2	2	2	2	5	3	4	5	9	6	1	2	2	0
千	百	十	一	千	百	十	一	千	百	十	一	千	百	十	一
			兆				億				万				

位取りの部屋に、右から順に数字を入れてください。

2

さあ、単位をつけて声に出してみると……

単位を確認しながら、入れた数を読んでみましょう。読めたら、漢字に書きなおしてください。

答え **三千六百二十二兆二千二百五十三億四千五百九十六万千二百二十**

まとめ

- 日本の数の数え方では、4ケタごとに単位が変わることを理解する
- 「億」や「兆」などの大きな数の単位は、位取りの仕組みの中で理解する

4-2　4年生　概数

どうして「概数」にするのか、意味を理解

子どもの苦手な項目の1つが「概数」です。なぜなら、「どうしてきちんと表されている数に、わざわざ約をつけておよその数にしなくてはならないの？」と疑問に思うからです。

「概数」の意味が分からずに四捨五入の練習ばかりしていると、その思いはますます強くなり、勉強に身が入りません。子どもに教えるときは、まずなぜ「概数」が必要なのかを説明しましょう。

「概数」は、「細かい数そのものが必要でなく、大まかな数の大きさが分かればいいとき（野球やサッカーの観戦者数、国の予算の額など）」や「正確な数が分からないとき（日本の人口、象の体重など）」などに有効です。

また「概数」にするためには、四捨五入、切り上げ、切り捨てなどが必要です。学校ではおもに四捨五入を学習しますが、切り上げや切り捨ても勉強しておくといいでしょう。

例題　4265を切り捨てて、千の位までの概数にしなさい。

1

千の位までの概数だから百の位以下を0とするんだよ

答え　**4000**

千の位　百の位 →

4265

↓

4000

数を紙に書き、まず位を確認します。千の位までなので、百の位以下の数を0にしましょう。

千の下の位を切り捨てるんだよ

例題　214321を切り上げて、千の位までの概数にしなさい。

1　千の位までの概数だから千の位を1ふやして、百の位以下を0にするんだよ

千の位　百の位 →

2 1 4 3 2 1

4+1＝5

2 1 5 0 0 0

切り上げるときは、百の位以下が０でない場合は、千の位を１ふやし、それより小さい位を０にします。

答え **215000**

例題　123456を四捨五入して、上から２ケタの概数にしなさい。

1　上から２ケタはどこになるかな？万の位だね。だから千の位を四捨五入するんだね。３を切り捨てると…

上から2ケタ　四捨五入

1 2 3 4 5 6

1 2 0 0 0 0

上から２ケタは万の位なので、その下の千の位を四捨五入します。千の位は「3」なので切り捨てましょう。

答え **120000**

まとめ

- 「概数」は、「大まかな数の大きさが分かればいいとき」「正確な数が分からないとき」に使うことを説明する
- 「0～4は切り捨て、5～9なら切り上げる」という四捨五入のルールを身につける
- 「～の位までの概数にする」「上から2ケタの概数にする」という2パターンのいい方に慣れる

4-3　4年生　わり算のひっ算

わり算のひっ算は、仮の答えの見当が大切

わり算のひっ算もこれまでのひっ算と同じように、ケタをそろえることが必要です。

基本は、①答えをたてて、②わる数とかけて、③その答えをわられる数からひいて、④下の位をおろして計算します。どんなにケタ数がふえてもこの手順は変わりません。**「①たてて、②かけて、③ひいて、④おろす」と覚えましょう。**

2ケタの数でわるときには、答えのたて方がむずかしくなります。見当をつけて仮の答えをたてますが、見当があまり的はずれだとなかなか正解にたどり着かないからです。

このようなときは、仮の答えをたてるために、わる数の一の位を切り捨てたり、四捨五入して考えることがふつうです。しかし、この方法だとわる数の十の位が小さいときに、何度も修正する必要があるので、30までの数×1ケタの計算についての暗算力が、重要になるということを覚えておきましょう。

例題　96÷4＝□をひっ算で計算しなさい。

1

まず9÷4を考えて、商の2を9の上にたてて書くのよ。次に4に2をかけて8を9の下に書こうね

```
    2
4) 96
   8
```

9÷4の答えをたてて9の上に書きましょう。

2

9から8をひいて1。その横に6をおろしてくるんだよ

9－8の答えである1と上からおろしてきた6で16を作ります。

```
     2
4) 96
   8
   16
```

3

16÷4を考えて、その商の4を2の横に書こうね。4に4をかけて…

同じように16÷4の答えをたてて書きます。（この問題はわりきれましたが、あまりがある場合もあるので気をつけましょう）

答え **24**

```
     24
4) 96
   8
   16
   16
    0
```

例題　832÷26＝□をひっ算で計算しなさい。

1

83÷26を考えようね。26を約30と考えると仮の答えは2になるけど26×2＝52だから83の中に26はもう1つあるね。3を上に書いて、3×26の答えを83の下に書くんだよ

83÷26の答えをだいたいの見当でだせるようにしましょう。

```
       3
26) 832
    78
     5
```

2

83－78は、5で上から2をおろしてきて52。52÷26を考えて…

同じ手順で「たてて、かけて、ひいて、おろす」をくりかえしましょう。

```
       32
26) 832
    78
     52
     52
      0
```

答え **32**

まとめ

- 「たてて、かけて、ひいて、おろす」という手順をとなえながら計算する
- 仮の答えの見当をすばやくたてる練習をする

4-4

4年生　計算の順序

( )と×と÷を優先するきまりをまもって

たし算、ひき算、かけ算、わり算がまざった式は、計算の順序を間違えると答えが違ってしまいます。計算の順序にはきまりがあるので、必ず覚えておきましょう。

ルールは3つあり、①左から順に計算する、②(　)があるときは、(　)の中を先に計算する、③+、−と、×、÷とでは、×、÷を先に計算するというものです。

とくに文章題では、分かれた式をまとめることができるので便利です。たとえば、「150円のジュースと、80円のドーナツを2つ買って、500円だしました。おつりはいくらでしょう」という問題を解く場合、買ったものは、150 + 80 × 2 = 310。おつりは、500 − 310 = 190で、答えは190円と考えられますが、500 −（150 + 80 × 2）= 190のように1つの式で表すことができます。

1つの式で表す力は中学の数学にもつながるので、小学校からパズルのような感覚で慣れておきましょう。

例題　30−(10−6÷2)×3=□

1　まず(　)に注目しよう！(　)の中は、÷を先に計算しないとね

30−(10−6÷2)×3

①（6÷2）

(　)の中をはじめにに計算します。(　)の中には6 ÷ 2というわり算があるので、ここから計算をはじめます。

2　(　)の10−3を先に計算すると…

=30−(10−3)×3

②（10−3）

(　)の中の残りの式 10 − 3 を計算しましょう。

3

−と×だと、×を優先させるから7×3を計算すればあとは30−21を計算するだけだね

$$=30-7\times3$$

（7×3 → ❸）

$$=30-21$$

$$=9$$

答え **9**

30 − 7 × 3 の式では、×を優先させて 7 × 3 を先に計算しましょう。

例題 150円のジュースと、80円のドーナツを2つ買って、500円出しました。おつりはいくらですか？

今までは絵や図で説明していましたが、今回はあえて問題の文章を１つの式にまとめることにチャレンジしましょう。

1

買った品物の代金を式にすると150＋80×2だね。これは１つにまとめて（　）をつけておこう。そうすると500−（150＋80×2）という１つの式になるね

出したお金　買った品物の代金

$$500-(150+80\times2)$$

ジュース　ドーナツ

買った品物の代金を（　）でまとめて、１つの式にしましょう。

$$=500-(150+80\times2)$$

（80×2 → ❶）

2

（　）の中を先に、×を先に計算するとどうなるかな？

$$=500-(150+160)$$

（150+160 → ❷）

$$=500-310=190$$

（　）の中は、80 × 2 を先に計算し、残りの（　）の中を計算していきましょう。

答え **190円**

まとめ

- 計算は、3つの順序のルールをまもりながら進める
- 文章題は、（　）の位置に注意しながら1つの式にまとめる練習をする

4-5 4年生 計算のきまり

パパとママも計算の3つのきまりを、まずは復習！

パパやママはすでに意識せずに計算しているかもしれませんが、**計算（四則演算）には3つのきまりがあります**（交換法則、結合法則、分配法則といいます）。

この計算のきまりを知っていれば、工夫して問題を解くことができます。たとえば、12×25×4の25×4は100であることに注目すると、12×(25×4)＝1200と計算できます。

こうやって計算の法則を使えることは、中学校の数学の基礎となりますから、しっかり身につけましょう。

学校では(○×△)×□＝○×(△×□)のように、「＝」の両辺に式がある形で習います。しかし、子どもは「＝」が最後に答えを書くための記号と思っていることが多く、そのため、この形の書き方にとまどうことがあります。

おうちで教えるときには、**計算のきまりを教えるとともに、等号「＝」は両辺が等しいことを表しているのだと話してあげてください。**

例題 37＋96＋4＝□を工夫して計算しなさい。

1

(○＋△)＋□＝○＋(△＋□)というきまりがあるんだよ。3つの数をたすとき、となりあうどの2つを先に計算しても同じということだね

(○＋△)＋□＝○＋(△＋□)

分かりにくければ、○や△や□に実際の数字を入れて確認してみましょう。

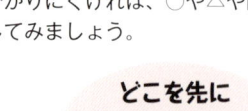

2

だから96＋4に
（　）をつけて
考えてみよう。
96＋4は
100になるから…

37＋96＋4
＝37＋(96＋4)
＝37＋100
＝137

「96 ＋ 4」が 100 という きりのよい数になることに 注目するのが、工夫して計算するポイントです。

答え **137**

例題　105×32＝□を工夫して計算しなさい。

1

105を100＋5と
考えると、問題は
(100＋5)×32と
なるね

105×32
＝(100＋5)×32

問題の式の 105 を 100 と 5 に分けてみましょう。

2

(100＋5)×32は、
100×32＋5×32と
同じだから…

(□＋○)×△＝□×△＋○×△

＝100×32＋5×32
＝3200＋160
＝3360

105 を分け、分配のきまりを使えば、ひっ算を使わずに計算できます。

答え **3360**

まとめ

- 計算のきまりを身につける
- 等号「＝」の意味を正しく理解する

算数で重要な計算のきまり

①交換のきまり　□＋○＝○＋□、□×○＝○×□
②結合のきまり　(○＋△)＋□＝○＋(△＋□)、(○×△)×□＝○×(△×□)
③分配のきまり　(□＋○)×△＝□×△＋○×△、(□－○)×△＝□×△－○×△
※わり算のきまり　□÷○＝(□×△)÷(○×△)、□÷○＝(□÷△)÷(○÷△)

4-6

4年生 帯分数と分数の大小

帯分数で、「端数部分」と「おおよその大きさ」を知る

3年生では、分数は、たとえば$\frac{3}{5}$であれば$\frac{1}{5}$の3つ分というふうに「分子が1の分数のいくつ分」だと習いました。

4年生では分数を1との大きさを比べることによって「1より小さい分数」を真分数、「1と等しいか1より大きい分数」を仮分数と学習します。

そして、仮分数から整数の部分を取りだして、「整数と真分数の和になっている分数($1\frac{2}{3}$など)」を帯分数と習います。

実は帯分数の計算は、中学校からはでてきません。では、**なぜ小学校で帯分数を勉強するかというと、分数が「端数部分の大きさを表す数」だからです。**

たとえば、$\frac{6}{5}$ではそのうちの$\frac{5}{5}$は、端数ではないので、$1\frac{1}{5}$と書くほうが、小学校の教え方にかなっているのです。また、**$\frac{9}{2}$mというより、$4\frac{1}{2}$mと表したほうが、量としておおよその大きさをとらえやすいという利点もあります。**

例題 $\frac{1}{5}$、$\frac{3}{5}$、$\frac{5}{5}$、$\frac{8}{5}$を真分数と仮分数に分けなさい。

ノートなどを用意してください。

1

みんな分母が等しく5だね。1を5つに分けた目盛りで数直線を書いてみよう！

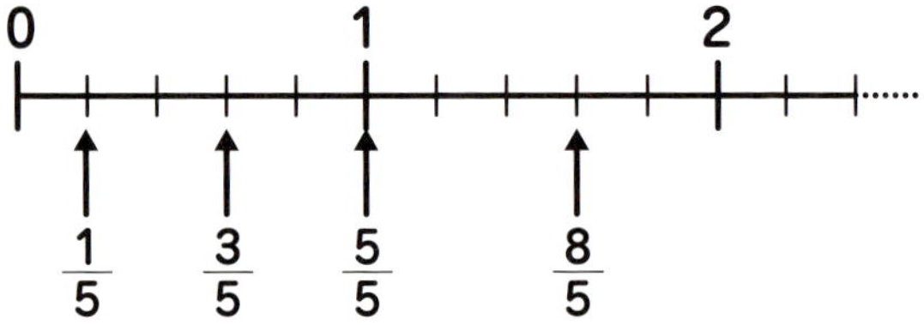

1を5つに等しく分けた数直線を書いてみましょう。それぞれの分数が、数直線のどこになるのかチェックしてください。

2

$\frac{5}{5}$＝1なので、これは仮分数、分子が5より大きい$\frac{8}{5}$は仮分数、分子が5より小さい$\frac{1}{5}$と$\frac{3}{5}$は、真分数だね

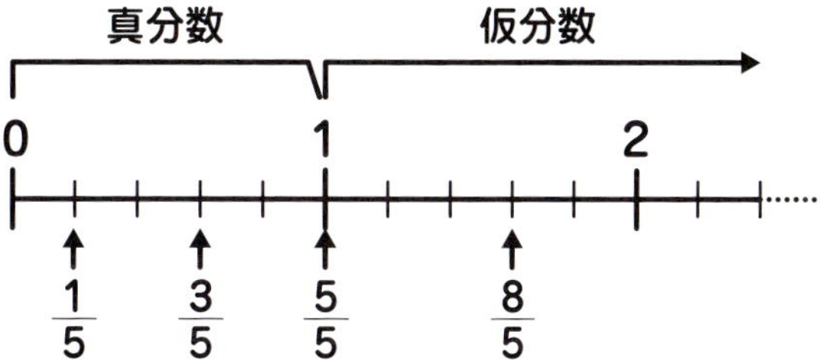

1を基準に、それより等しいまたは大きいか小さいかを数直線で確認して、真分数か仮分数か判断しましょう。

答え **真分数は$\frac{1}{5}$、$\frac{3}{5}$、仮分数は$\frac{5}{5}$、$\frac{8}{5}$**

例題 $\frac{5}{3}$を帯分数になおしなさい。

1

帯分数は、整数部分と「あまり」に分けた分数だね。$\frac{5}{3}$の整数部分はいくつかな？

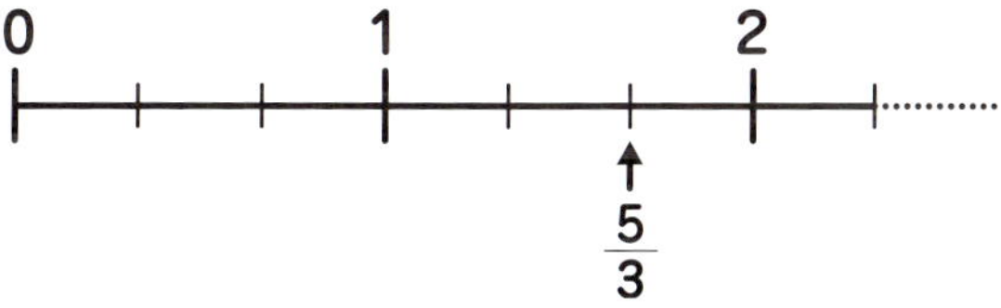

$\frac{5}{3}$は$\frac{1}{3}$の5つ分なので、数直線で確認してください。

2

$\frac{3}{3}$つまり1と$\frac{2}{3}$に分けられるね

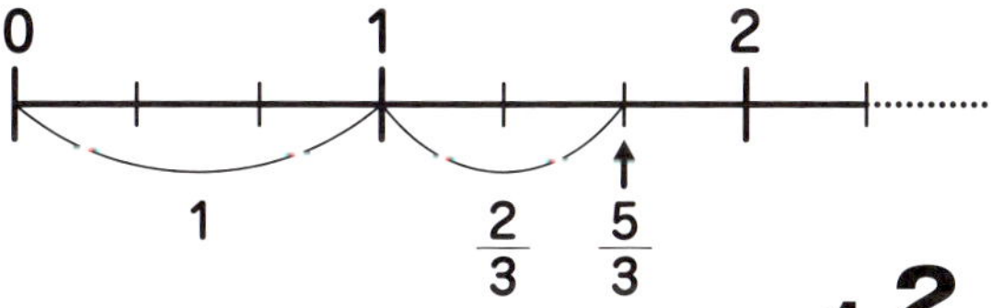

数直線を見て、整数部分とあまりの部分の大きさを調べます。

答え **$1\frac{2}{3}$**

まとめ

- 「真分数は1より小さい分数」、「仮分数は1に等しいか1より大きい分数」、「帯分数は整数と真分数の和になっている分数」という分数の種類を把握する
- 仮分数と帯分数の変換をできるようにする

分母と分子の大きさを比べても、仮分数か真分数か分かるよ！

4-7

4年生　小数のかけ算とひっ算

小数のひっ算は、意味の理解と練習をバランスよく

小数のかけ算は小数×整数からスタートし、その後、小数×小数に進みます。その間にひっ算をあわせて学習します。小数のひっ算では、まず小数点を無視して整数のひっ算と同じように計算し、その後小数点をつけます。ここで大切なのが小数点の位置です。**「小数点以下のケタを数えて、答えの小数点をうつ」というルールを徹底しましょう。**ひっ算の手順は、もちろんその意味づけが分かることも大切ですが、仮に手順の意味が分からなくても立ち止まらず、まず計算できるようになるほうがよいでしょう。方法に慣れることで意味が分かってくることも多いといえます。

また、1より小さい小数をかけると、もとの数より小さくなることが子どもにはむずかしいようです。そんなときは、まず1をかけてもとの数と変わらないことを見せ、1より小さい数をかけた答えを比べて見せるのがよいでしょう。

例題　5.2×4＝□

1　まずは、小数点を考えなくていいよ

$$\begin{array}{r} 5.2 \\ \times\quad 4 \\ \hline \end{array}$$

かけ算は、小数点をそろえなくても計算できますが、たし算やひき算は小数点の位置をそろえる必要があるので気をつけましょう。

2　整数と同じように計算してみよう

$$\begin{array}{r} 5.2 \\ \times\quad 4 \\ \hline 20\ 8 \end{array}$$

くり上がりがある場合も、整数と同じように計算しましょう。

3 5.2の小数点以下のケタは1つだね。だから208にも下から1つ分のケタのところに小数点をうつんだよ

$$\begin{array}{r} 5.2 \\ \times \quad 4 \\ \hline 20.8 \end{array}$$

2 ……1つ

20.8. ← 1つ

5.2の小数点以下のケタの数だけ、答えの小数点を移動させます。

答え **20.8**

※小数点の移動による考え方は5年生で習いますが、操作的には分かりやすいでしょう。4年生では小数×整数に限られるので、「かけられる数の真下に小数点をうつ」としてもOKです。

例題 2.3×3.5＝□

※この例題は5年生の内容です。

答えの小数点の位置が大切だよ

1 まずは、小数点を考えないでいいよ

$$\begin{array}{r} 2.3 \\ \times \quad 3.5 \\ \hline \end{array}$$

これもまずは、タテをそろえてひっ算の式を書いてみてください。

2 タテをそろえて整数と同じように計算してみよう

$$\begin{array}{r} 2.3 \\ \times \quad 3.5 \\ \hline 115 \\ 69 \\ \hline 805 \end{array}$$

整数と同じように計算します。

3 2.3と3.5の小数点以下のケタの合計は2つだね。だから、805の下から2つ分のケタのところに小数点をうつんだよ

$$\begin{array}{r} 2.3 \\ \times \quad 3.5 \\ \hline 115 \\ 69 \\ \hline 8.05 \end{array}$$

3 ……1つ
5 ……1つ
あわせて2つ

8.05. ← 2つ

2.3と3.5の小数点以下のケタをあわせた数だけ（2つ）、小数点を移動させます。

答え **8.05**

まとめ

- はじめは、整数と同じように計算する
- 問題の小数のケタ数をあわせた数だけ、答えの小数点を移動させる

4-8

4年生　小数のわり算とひっ算

小数のわり算は、1より小さい数でわるときに注意！

小数のわり算も整数と同じように2つの考え方があります。「1.2Lのジュースを3人で分けると1人何Lになるか」というように、「1つ分（1人分）」を求める問題（等《とう》分除《ぶんじょ》）と、「7.5Lの水を0.8L入りのビンに入れると、ビンは何本必要で、何Lあまりますか」というような、わられる数にわる数がいくつ含まれるかという問題（包含除《ほうがんじょ》）です。

わり算をするときに、1より小さな小数でわると、もとの数より大きくなりますが、子どもには「わり算は分けるもの」という考えがあるので、不自然に感じるようです。

これを説明するには、視点を変えて「2個のリンゴの中に半分のリンゴはいくつ含まれるかな」と聞いてみるのも1つです。子どもも4つということは分かります。その後、**「1より大きい数でわるともとの数より小さくなり、1でわると同じ。1より小さい数でわるともとの数より大きくなるのよ」と説明してください。**

例題　4.5÷3＝□

4.5を4.5mという量に変え、4.5mのテープを3等分した長さを求めると考えましょう。

1

0.1mは、1mを10等分した1つだったね。じゃあ、4.5mのテープは、0.1mの45個分だね

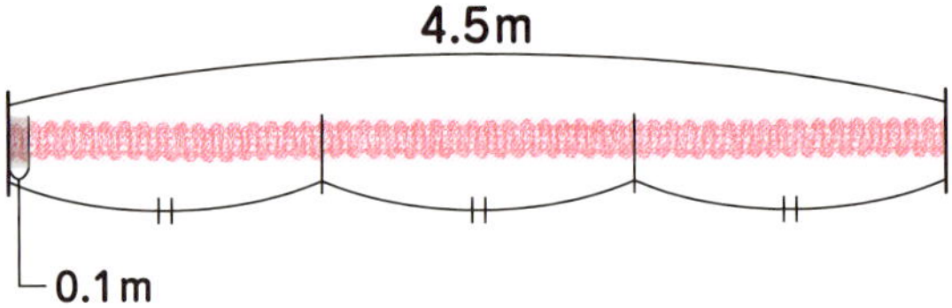

4.5mのテープを、0.1mの45個分という分けやすい個数になおすのがポイントです。

2

45÷3＝15だから1つ分は、0.1mの15個分で1.5mだね

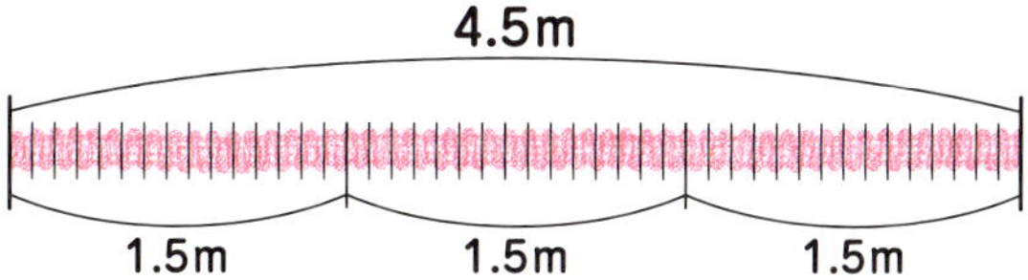

1つが45個に分けた15個になるので、0.1の15個分で求められます。

答え 1.5

例題 18÷3.2＝□あまり□

※この例題は5年生の内容です。

1

計算がしやすいように小数点の位置を、18と3.2の同じケタだけ移動しよう。すると180÷32になるから整数と同じだよ

3.2.)18.0.

わる数とわられる数の小数点を、同じケタ数だけ右に移動します。

最初の小数点の位置が大切！

2

あまりの20には、もと（18）の小数点の位置と同じところに小数点をつけるんだよ

```
      5
32.)18.0.
    16 0
     2.0
```

18の小数点の位置からタテに小数点をおろすと考えましょう。

答え 5あまり2

まとめ

- 小数のわり算にも、2つの考え方があるということ理解する
- 小数のわり算のひっ算は、「小数点の位置をどう移動して計算するか」と「あまりにどう小数点をうつか」が重要

4-9

4年生　面積

面積は、公式の暗記ではなく理由を考えて

面積は、「量」の仲間でもあります。ただ他の「量」の要素である「長さ」や「かさ」は、定規やマスではかれますが、面積は簡単にはかれません。また比べようとしても、大きさの比較がしづらいともいえます。（たとえば、10㎝×10㎝の正方形と20㎝×5㎝の長方形のどちらが大きいかなど）

学校では「広さ＝面積」と習いますが、日常生活で広いというと横方向の広がりを思いうかべることが多いといえます。「広い道」とか「入り口が広い」という表現もあるのでやむをえないのですが、子どもにとって「幅広」と「面積」の意味での広さの使い分けはやさしくありません。

おうちで面積を教える場合には、**面積は1㎠や1㎡のいくつ分ではかる量だということを教えましょう。**そして、長方形の面積を「タテ×横」と教える場合にも、**公式を暗記させるのではなく、公式の意味をきちんと考えるようにしてください。**

例題　タテが3㎝、横が4㎝の長方形の面積を求めなさい。

1

この長方形には、
1辺が1㎝の正方形が
いくつあるかな？
タテに3個、
横に4個あるから
3×4と
計算すればいいね

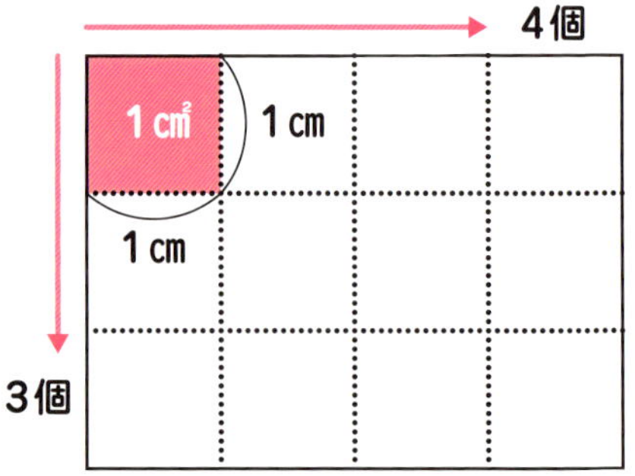

1㎝のマス目の用紙に3㎝× 4㎝の長方形を書いてください。

2

つまり1㎠が12個あるから、長方形の面積は12㎠になるんだね

長方形の面積＝3×4＝12(㎠)

面積の公式がどうして「タテ×横」になるのか図を見ながら、確認してみてください。

答え **12㎠**

例題 1辺が5㎝の正方形の面積を求めなさい。

1

正方形は、どの辺も同じ長さの長方形のことだね

正方形がどんな四角形なのかを考えてみましょう。

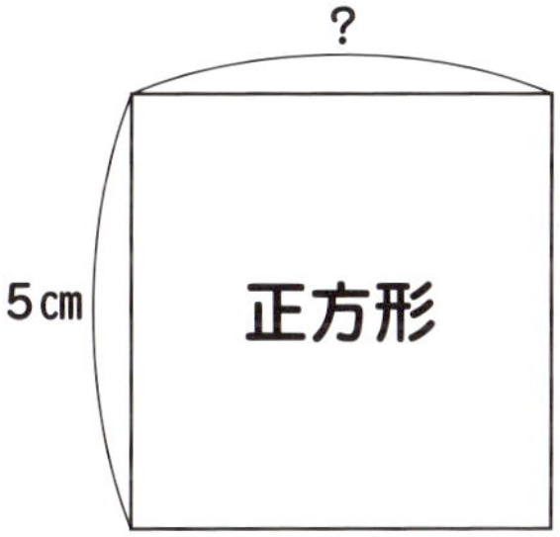

2

タテ5㎝、横5㎝の長方形と同じように考えると5×5だね

5×5＝25(㎠)

タテと横が分かったら、あとは長方形の求め方と同じです。

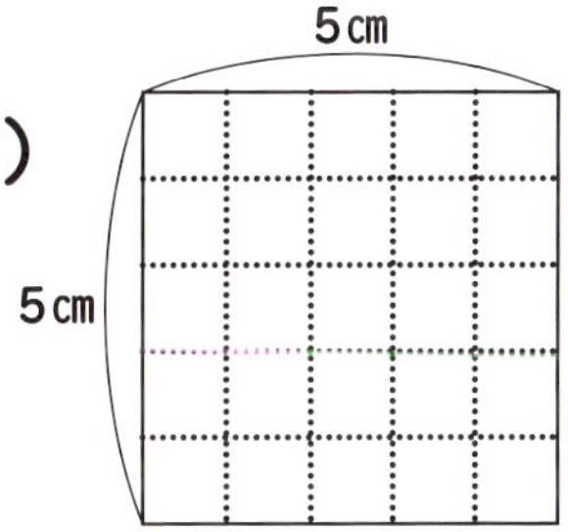

答え **25㎠**

まとめ

- 公式を頭から暗記するのではなく、なぜそういう式になるのかを考えてみる
- 言葉や文字だけで考えるのでなく、図を書いてみる

ココが教えるポイント！ でちゅううう～！

大きな面積は「1㎡は新聞紙2枚分より少し大きいね」「1a《アール》は教室の広さと同じくらいだよ」と言ったり、高い場所でまわりを見渡して、実際の広さを感じてみましょう。

4-10

4年生　角と角度

分度器を使いながら、角度をはかるのが大切

角についてまず3年生では「1つのちょう点から出ている2つの辺が作る形を角という」と習います。この2つの辺の開き具合が「角の大きさ」となります。

4年生になると「角」を「直線が辺アイの位置からアウの位置までまわってできた形」ともとらえます。このように角の考え方は2つあるということを注意して教えましょう。

角のはかり方では、同じ角でも辺が長いほうが、角度が広いと感じる子どもがいます。子どもに同じ角を2つ書いて見せ、「同じ角度だね」と確認してから、目の前で片方の辺を倍にのばして、そのあとどちらが大きいか聞いてみるのがよいでしょう。

また、**直角が90度、直線を半回転させてできる角度が180度、一回転してできる角度が360度だということも教えてください。**角を見てもそれが直角より小さいか大きいか、よく分かっていない子どももいるのでぜひおさえておきましょう。

例題　図の角度をはかってみましょう。

1

1つのちょう点から出ている2つの辺が作る形を角というんだよ。この角をはかるには分度器が必要なんだよ

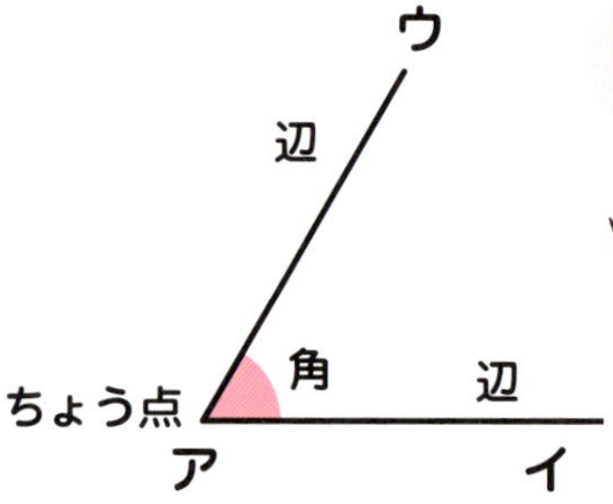

まずは図を見て、角の意味やちょう点、辺などを説明してください。

2

分度器の中心を
ちょう点にあわせて、
下の辺に分度器の
0度をあわせるんだよ

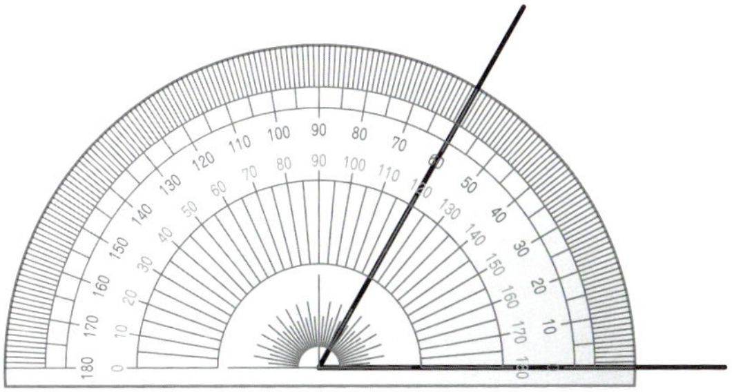

分度器と図のどこをあわせるか、実際やりながら説明してください。

3

分度器の目盛りを
読んでみよう！

答え **60度**

分度器は
角度をはかる
ものだよ！

例題 45度を書いてみましょう。

1

アに分度器の中心を、
アイの線の上に分度器
の0度をあわせて、
45度のところに
印をつけるんだよ

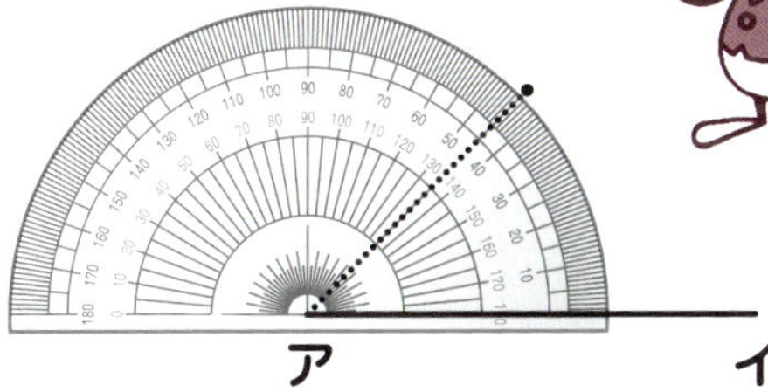

紙に直線をひき、辺アイを書いておきます。アイに分度器をあわせ、45度の目盛りのところにえんぴつで印をつけます。

2

分度器をはずして、
アとさっきの印を
線でむすぼうね

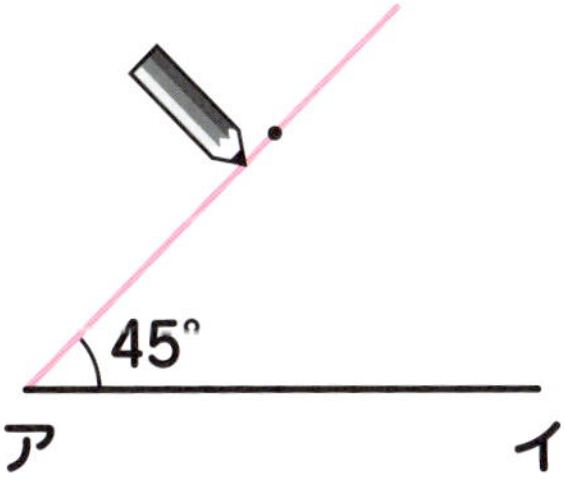

えんぴつの印とアをものさしでむすび、線をひいてください。

答え **上の図を参照ください**

まとめ

- 「辺、ちょう点、角」の意味は、図を見ながら説明する
- 分度器をうまくあつかえるように、何度もはかる練習をする

4-11

4年生　垂直と平行

垂直と平行は、いろいろな線をはかって！

「垂直」と「平行」は、4年生ではまず平面上での2本の直線の位置関係として教わります。

まず垂直は、「2つの直線が交わってできる角が直角のとき、この2つの直線は垂直」と定義されます。

そのあと、平行を習います。平行は、「どこまでいっても交わらない2つの直線の関係」ですが、学校では「1つの直線に垂直な2つの直線は、平行」など角度に関することを利用して習います。

子どもにとっては、水平な線にまっすぐ立った線は垂直だと分かっても、ななめに交わる2つの直線が垂直だと分からなかったり、長方形の横の辺に対してタテの辺は垂直だと分かるけれど、タテの辺に対して横の辺が垂直だとは分かりにくいことがあります。

ですから、**垂直や平行を学習するときには、紙をまわして見る向きを変え、見え方の違いを確かめることが大切です。**

例題　長方形アイウエの中で辺アイに垂直な辺はどれとどれですか？

1

垂直は、2つの直線が交わってできる角が直角なときだね。だから辺アイに対して直角は角アと角イだから、辺アエと辺イウだね

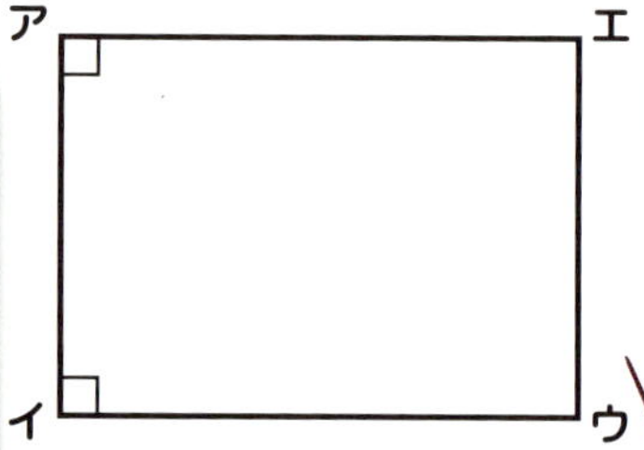

図の直角を確かめながら説明しましょう。

答え　**辺アエと辺イウ**

例題 図の中から平行な線をさがしなさい。

方眼紙に図のように直線をひき、三角定規を２つ用意してください。。

1

平行な線は、どこもはばが同じだから、平行に見えるオとカ、イとウについてたしかめてみよう

2

オとカはどうかな？定規をスライドさせて調べよう

3

イとウはどうかな？定規をスライドさせて調べよう

答え **オとカ、イとウ**

※三角定規の一方（黒）は、スライドさせるときの補助的な役割をしています。

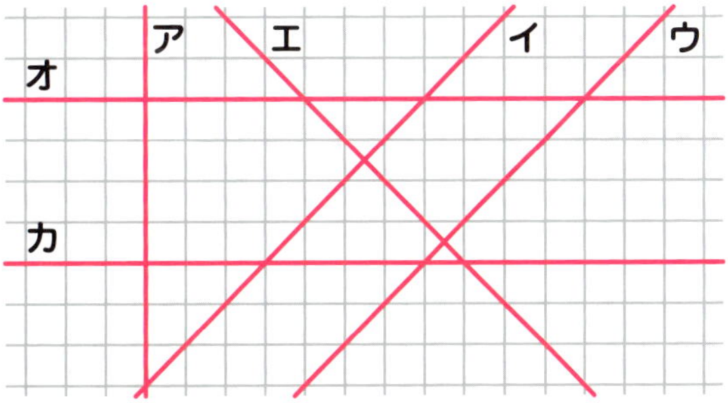

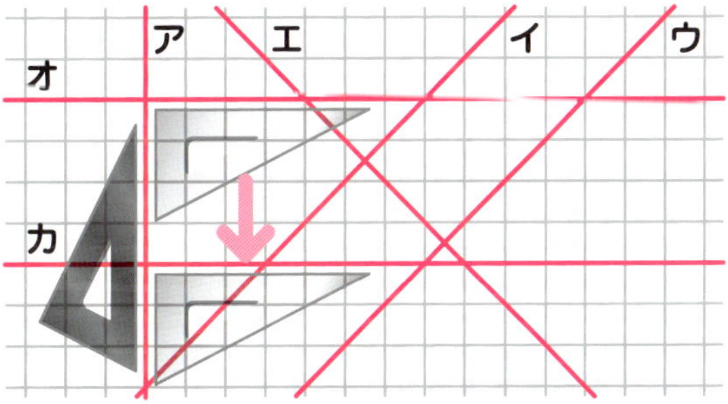

オとカについては、方眼を見ることでどこもはばが４目盛りで同じだから、平行と答えてもかまいません。

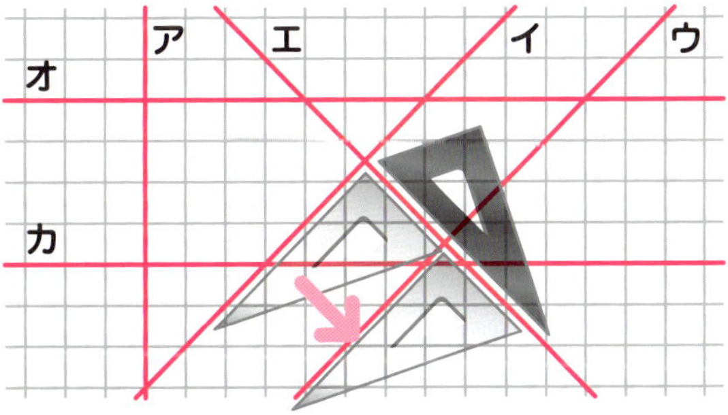

三角定規をスライドさせながら、イとエ、ウとエの交わる角度をはかってみましょう。どちらも直角なので、イとウは平行であると答えてもかまいません。

まとめ

- 垂直や平行の意味を実際図形を確認しながら理解する
- 慣れれば、明らかに垂直や平行でないときは、目で見て判断できるようにする

4-12

4年生　いろいろな四角形

各四角形の条件を調べて、分類してみる

4年生では、正方形、長方形以外にもいろいろな四角形を学習します。

まず平行な辺の組みあわせを調べることから、台形（1組）と平行四辺形（2組）を学びます。そして、平行四辺形の辺の長さと角について学習し、すべての辺の等しい平行四辺形としてひし形が登場します。このとき対角線とその性質も学習します。

正方形や長方形に比べて、平行四辺形と台形は、形のバリエーションもさまざまです。タテに長いもの、つぶれているもの、「こんなのが同じ平行四辺形？」と思うようなものもあります。それだけに、定義や性質をしっかり覚えておかないと形を判断することができません。

また、長さや角度の大きさがあたえられて、その条件を満たす図形を書くという練習もおこないます。**いろいろな形を見て、四角形を分類することができるようにしておきましょう。**

例題　次の図で台形、平行四辺形、ひし形をさがしなさい。

1

台形はむかいあった1組の辺が平行で、平行四辺形はむかいあった2組の辺が平行な四角形なんだよ

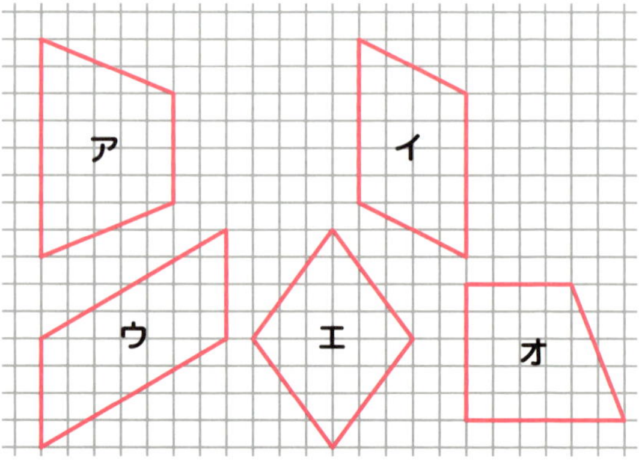

各四角形の特ちょうをはじめに復習してください。

2

じゃあ、調べてみると…アは1組、イは2組、ウは2組、エは2組、オは1組だね

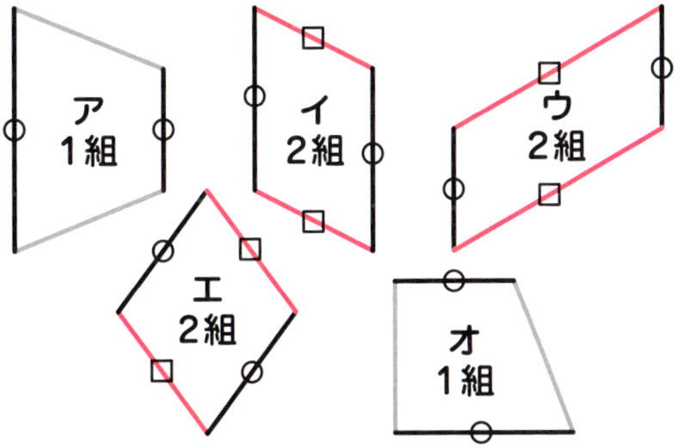

ななめになっている辺は、三角定規などを使って、各四角形の辺の平行を調べてみましょう。

3

ひし形は、平行四辺形の中でもすべての辺が同じ長さの四角形だから、どれかな？

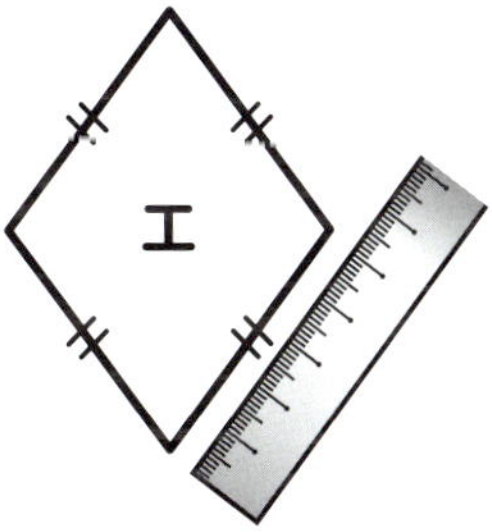

次に、ものさしで各辺の長さをはかったり、コンパスを使って長さを比べたりして、ひし形をさがしてください。

答え **台形…アとオ**
平行四辺形…イとウ
ひし形…エ

まとめ

- 四角形のそれぞれの特ちょうを整理する
- いろいろな四角形で、長さや平行関係などを調べることで、感覚を養う

いろいろな四角形の特徴（定義と性質）

	平行な辺	辺の長さ	角	対角線の本数	対角線の特ちょう
正方形	2組	すべて等しい	すべて直角	2本	長さが等しく、直角に交わる それぞれのまん中で交わる
長方形	2組	むかいあう2つの辺の長さが等しい	すべて直角	2本	長さが等しく、 それぞれのまん中で交わる
台形	1組	きまっていない	とくにない	2本	きまっていない
平行四辺形	2組	むかいあう2つの辺の長さが等しい	むかいあう2つの角が等しい	2本	それぞれのまん中で交わる
ひし形	2組	すべて等しい	むかいあう2つの角が等しい	2本	直角に交わり、 それぞれのまん中で交わる

4-13

4年生　直方体と立方体

展開図と見取図で、立体の理解を深めて

立体を紙の上に表すには、見取図、展開図、投影図の3つの方法があり、4年生では立方体と直方体の見取図と展開図を学習します。

見取図は、立体の全体の形が分かるように書かれた図です。ですから、立方体や直方体の場合は、3つの面が見えるように書かないといけません。しかし、これが子どもには意外にむずかしいのです。

できないときは、**実物を見せるよりむしろ箱の写真を見て、見えるところを実線で書くことからはじめましょう。**そのあとで見えないところを点線で書くのですが、各辺の平行関係を手がかりに書くのが一番です。

一方展開図は、立体を切り開いた図です。学校では、実際の箱を辺にそって切り開いてさまざまな展開図ができることを確かめます。その中でも長方形が4つつながっていない展開図が子どもにはむずかしいようです。**いろいろな展開図を書いたり作ることで理解を深めましょう。**

例題　次の展開図でアの面と平行になる面はどれですか？

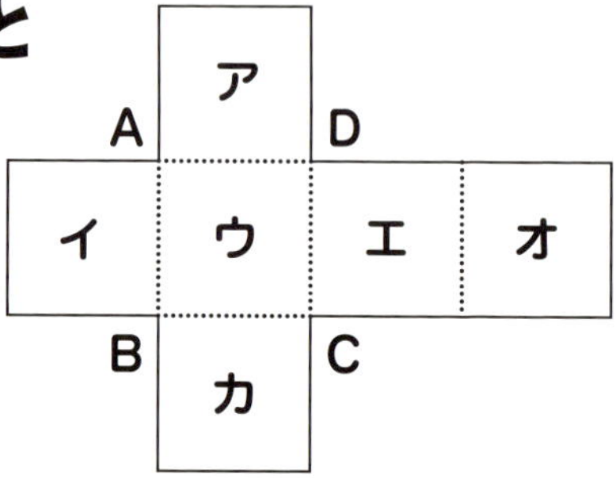

1

面ウを底にして
ADでアの面を、
BCでカの面を立てて
考えてみよう

答え **カ**

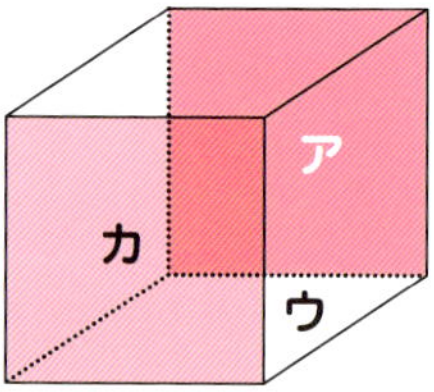

展開図から完成した立体を想像してみましょう。

例題 3辺の長さが2㎝、3㎝、6㎝の直方体の見取図の続きを書きなさい。

方眼紙に右のような図を書いて用意してください。

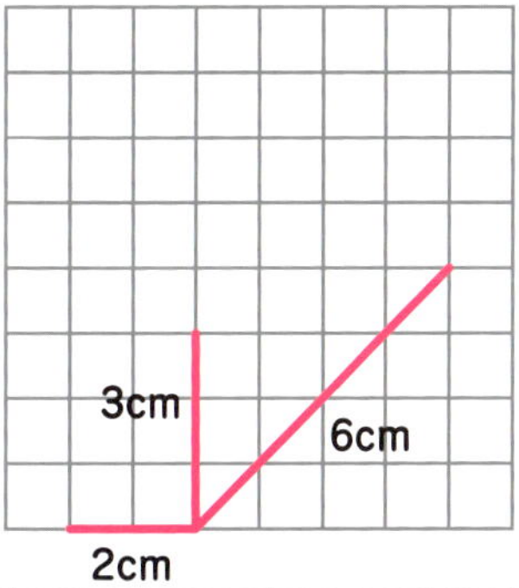

1 手前の面とそのとなりの面を書いてみよう。辺の平行の関係に注目してね

一番手前の面から書いていき、次にそのとなりへと進みましょう。

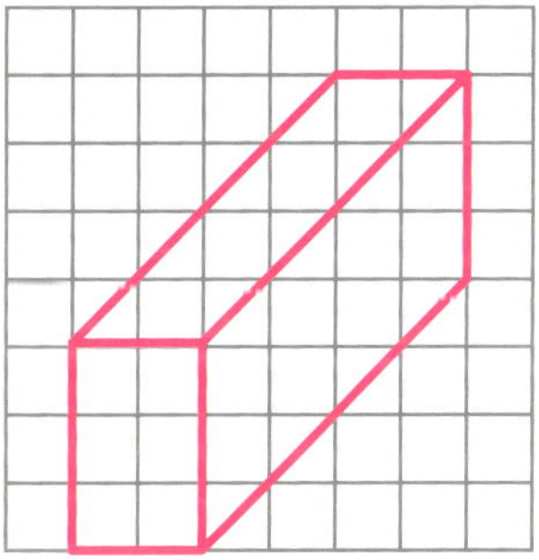

2 最後に見えない面を書いてみよう。やはりキーワードは辺の平行だよ

辺の平行に注意しながら、見えない面を想像して点線で書きましょう。

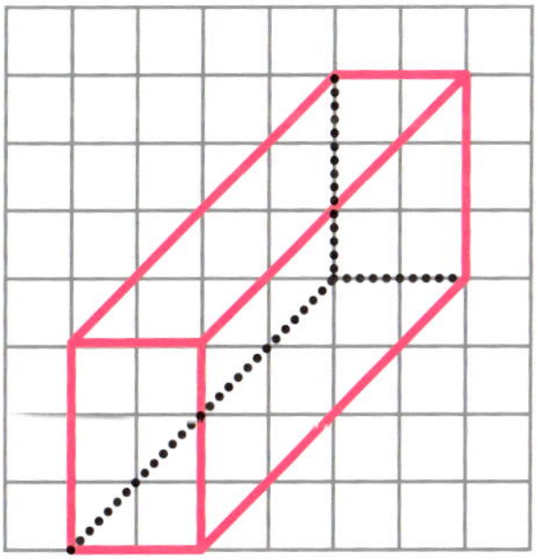

答え **右の図を参照ください**

まとめ

- 直方体や立方体の見取図を書けるようにする
- 立体の面や辺の垂直や平行などの関係をきちんと理解する
- 展開図から立体を想像する練習をする

ココが教えるポイント！

でちゅううう〜！

見取図は、遠近法を無視して平行な辺は平行に書くときれいにできます。はじめのうちは方眼紙に書いて練習しましょう。

4-14

4年生 割合

割合の基本は「倍を表す数」

4年生から「割合」の学習が始まります。**「ある量をもとにして、比べる量が、もとにする量の何倍に当たるかを表した数」**を割合と言います。実は「倍」の考え方については、既に3年生で学んでいます。これをもとに4年生では、2つの量を比較する時に、差ではなく、「倍」すなわち割合を利用する方がよい場面を知り、使えるようにすることが大切なのです。

なお、この割合の学習と関連して、今回の学習指導要領改訂から「小数倍」も4年生で学習するようになりました。ただ、小数倍は直感的にわかりにくいので、パパとママが実際に教える時には、線分図や関係図を使うなどの工夫をされるとよいでしょう。

割合の学習は5年生以降本格化しますが、むずかしいためか中学生になっても不得意とする生徒は少なくありません。4年生の時に基礎固めをしっかりしましょう。

例題

10cmの白いゴムは30cmまでのびます。
20cmの黒いゴムは40cmまでのびます。
白いゴムと黒いゴムではどちらがよくのびるゴムといえますか。そのわけも答えましょう。

1

どちらも20cmずつ
のびているから
同じように伸びていると
考えるのかな？

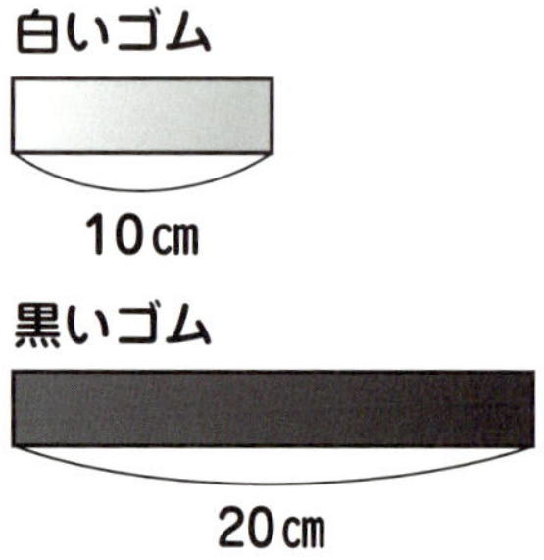

2

白いゴムが黒いゴムと同じ20cmだったら何mまでのびるかな。そうだね60cmまで伸びるね

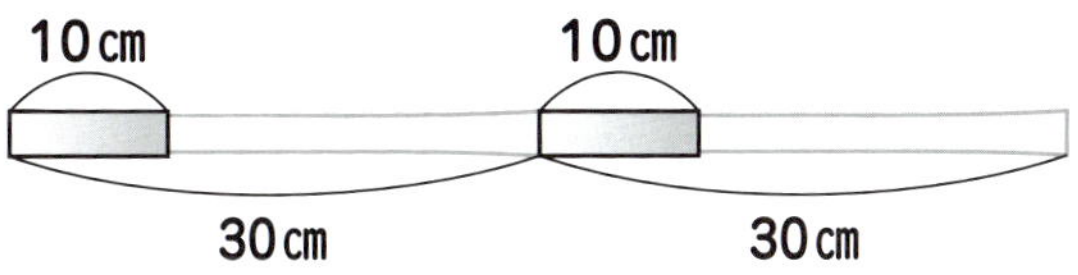

白いゴムの方がのびそうだと気づかせて「倍」の考えかたにいざないます。

3

こういうことときは「倍」で考えるといいんだよ。2つのゴムはのびたときに何倍になっているかな

のびる前　　のびた後

白いゴム　10cm ──□倍──→ 30cm

黒いゴム　20cm ──□倍──→ 40cm

白いゴム…　30÷10＝3

黒いゴム…　40÷20＝2

答え　**白いゴムは3倍に、黒いゴムは2倍にのびるから白いゴムの方がよくのびる**

例題　60は50の何倍ですか

1

間違えないために関係図を書いて整理しよう

50 ──□倍──→ 60

60÷50＝1.2

答え　**1.2倍**

まとめ

- 「倍」を表す数を割合という
- 差で比べるより割合で比べる方が適している場合がある

子どもはココで間違える！

「30は60の何倍ですか？」と問うと「2倍」と答える子は多いです。ミスを防ぐためにも慣れないうちは図を書きましょう。

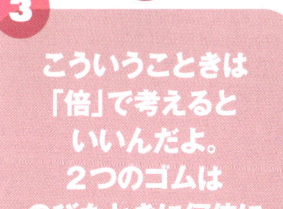

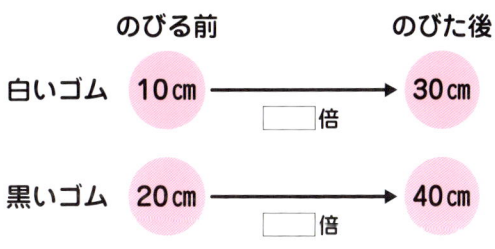

4年生 変わり方

変わり方は、実感しながら表に

日常生活には、1つの数量が変わるにつれて、他の数量が変わっていくものがたくさんあります。たとえば、「かけ算の九九で3の段のかける数と答え」、「1000円持って買い物に行ったときの、品物の代金とおつり」などです。

4年生では、こうした変わるものをいろいろ表にまとめることを学習します。5年生、6年生では、それらがさらに発展していき、数学の関数にむすびついていきます。

おうちでは、等しい長さの棒（マッチなど）を使って、正方形を1つ作り、その横にもう一つ並べて作っていくとき、棒の本数がどのように変化していくかなど、実際に試してみてください。

そして、**その数を表にまとめて気づいたことなどを自由にいわせてください。**1つの数が決まると、もう1つの数も変化することに気づき、そこに何か「秘密」がかくされていると分かったら楽しくなるでしょう。

例題　長さが同じ棒で正方形を横につなげて作るとき、棒は何本必要になりますか？表に書いて調べましょう。

マッチやつまようじなどを多めに用意してください。

1　1個の正方形だったら4本必要だね

正方形１個

棒 ×4 本

実際に棒で正方形を作って、数えてみましょう。

2

正方形が、2個や3個だったらどうかな？試してみよう。棒の数を表にすると…

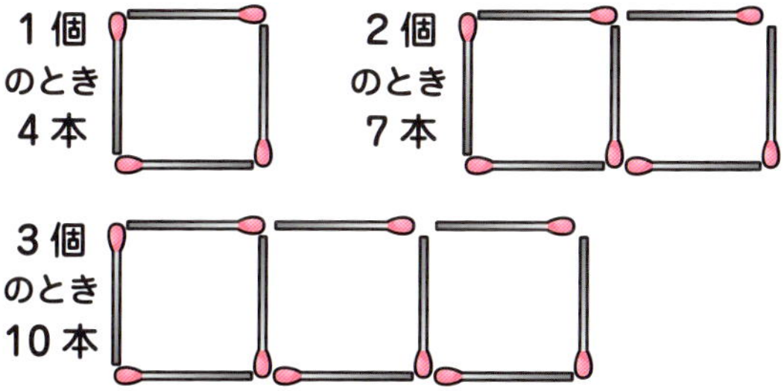

正方形の数（個）					
棒の本数（本）					

正方形の数をふやしてみましょう。そして、正方形の数と棒の本数の関係を表にしてみます。

3

どんなふうに数が変わっているのかな？

表に、数の変化を書き入れます。正方形が１つふえるごとに、棒の本数がどう変化しているのか見てみましょう。３本ずつふえることが分かればOKです。

正方形の数（個）	1	2	3	4	
棒の本数（本）	4	7	10	13	

答え **上の表を参照ください**

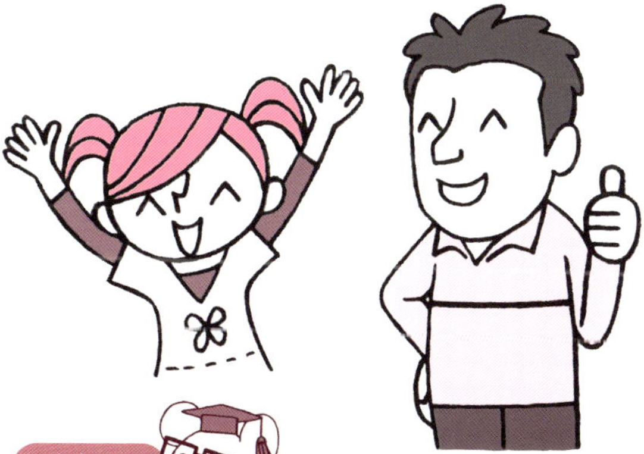

まとめ

- 1つの数がきまると、それにともなってもう1つの数がきまるという数の変化を身近な例で実感する
- 変わる量を表にまとめて、きまりがないか考えてみる

4-16 4年生 折れ線グラフ

折れ線グラフと、他のグラフを比べてみる

棒グラフを3年生で習いましたが、4年生では折れ線グラフを学習します。

折れ線グラフでは、線のかたむき具合で変わり方の様子が分かります。右上がりのときはふえていて、右下がりのときは減っています。また線のかたむきが急なときは変化が大きく、かたむきがゆるやかなときは変化が小さいことが分かりますね。

子どもは、棒グラフと折れ線グラフをどう使い分けるかが、分からないこともあります。そんなときは、**棒グラフは量の大きさそのものを表しそれらを比べる場合に、折れ線グラフは時間の経過にともなって数量がどのように変化したかを表す場合に適していると説明してください。**

また、社会科の授業で登場する「雨温図（気温と降水量）」を見せて、気温は折れ線グラフで月ごとのうつり変わりを分かりやすく表し、降雨量は棒グラフで降った雨の量の多さを表していると伝えましょう。

例題 次のグラフは、どちらが折れ線グラフですか？なぜ2つのグラフを使い分けるのですか？

1

このグラフは何のグラフかな？気温と降水量という2つのグラフがあわさっているね

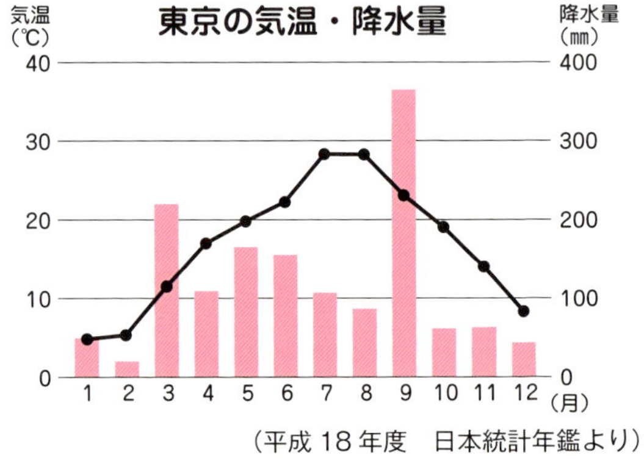

（平成18年度　日本統計年鑑より）

タテと横が何を表しているのかなど、グラフの要素を確認しましょう。

2

棒グラフは前に習ったね。こっちは折れ線グラフだよ。線が上がっているか、下がっているかで気温の変化が分かるんだよ

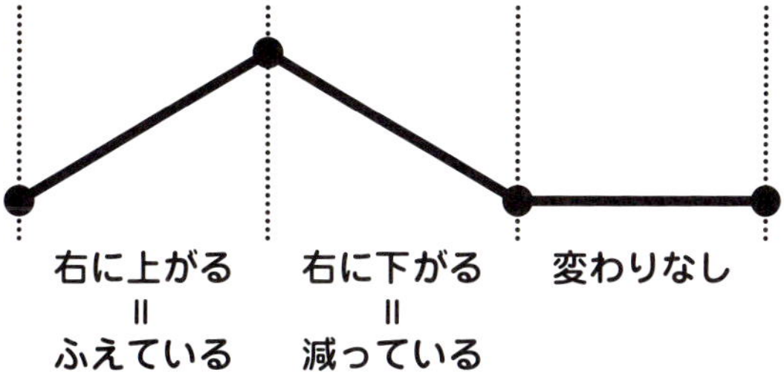

折れ線グラフの目盛りを見ながら、どんな変化を表しているか具体的に説明してください。

かたむきが急なほど変化が大きいよ

3

棒グラフは、降水量を表しているね。棒グラフのほうが、量の大きさが目に見えて分かりやすいんだよ

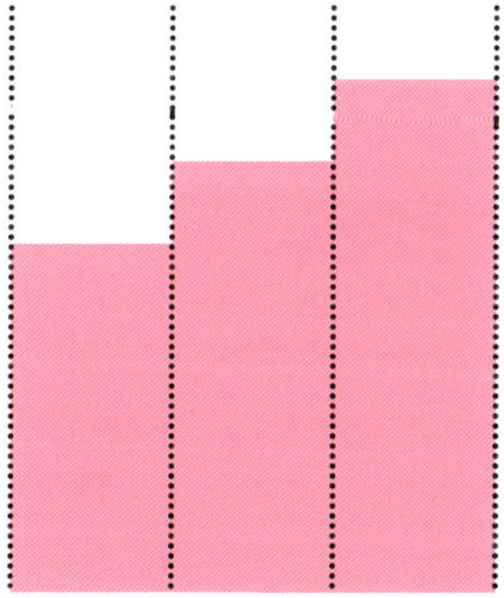

棒グラフはすでに習っていますが、もう一度復習しましょう。

4

グラフには種類があって、折れ線グラフは時間や月による変化やうつり変わり、棒グラフは量の大きさが見やすいんだよ

答え **折れ線グラフ…気温**
棒グラフ（降水量）は量の大きさを折れ線グラフ（気温）は月による変化を分かりやすくするため

まとめ

- 折れ線グラフの要素を確認する
- 折れ線グラフは「時間や月による変化やうつり変わり」、棒グラフは「量そのものの大きさ」を表し、それらを比較するのに適していると説明する

ココが教えるポイント！
でちゅぅぅ～！

子どもがピンとこないときは「マンガのキャラクターの人気投票の結果を見るには棒グラフが分かりやすいよ。折れ線グラフだと、意味がないね」など、子どもの興味のある内容で説明してみましょう。

4-17

4年生 資料の整理

2つの要素をていねいに整理！

ある出来事について理解しようとするとき、資料を分析したり、整理したりする必要があります。

3年生の棒グラフの項目で、数量をグラフにして見やすくするという学習をしました。そのときは、要素が1つでしたが、4年生では2つの要素を含む出来事を整理することを習います。

一見するとバラバラな2つの要素を表にまとめることで、関係性が見えたり、分かりやすくなるのです。

このようにデータをある目的にそってまとめ、それを読みこなすことはとても大切で、以前から話題になっているPISA型学力の「読解力」にも、こうした表やグラフを読んで理解する力が含まれています。

ただ、表にまとめることは、1つずつ数えてていねいに処理しなければいけないため、根気が求められます。**おうちでは資料の整理の意味と必要性を伝え、表を作る楽しさを味わってみてください。**

例題

次の表は、クラスで犬とねこをかっているか調べて途中までまとめたものです。クラスの人数と犬とねこの両方をかっている人の数を求めなさい。

1

表をよく見てみようね

かっている動物調べ（人）

ねこ／犬	かっている	かっていない	合計
かっている		7	10
かっていない			
合計	8	20	

まずは、この表がどんな内容なのか確認しましょう。

2

表のそれぞれの部屋の表しているものが、分かるかな？たとえばエは、何かな？

かっている動物調べ（人）

犬＼ねこ	かっている	かっていない	合計
かっている	**エ**	**オ**	**カ**
かっていない			
合計	**ア**	**イ**	**ウ**

表をタテや横に読んで、それぞれ何を表しているのか考えさせてください。

3

じゃあ、クラスの人数は表のどこになるかな？どうやって計算するのかな？

クラスの人数＝ウ
＝ア＋イ
＝8+20＝28（人）

表からア＋イ＝ウとなること、そしてここがクラス全体の人数になることを説明しましょう。

4

両方かっている人は、犬をかっていて、ねこをかっている人だから、表のどの行とどの列の交わったところかな？

両方かっている人＝エ
＝カ－オ
＝10－7＝3（人）

求めるところがエで、エ＋オ＝カという計算になることを説明しましょう。

答え **28人、3人**

まとめ

- 表を根気よく、ていねいにまとめる
- どうして資料を整理するのか、必要性を伝える

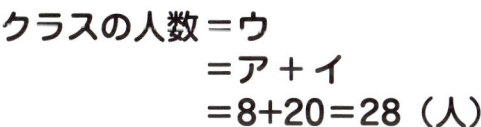

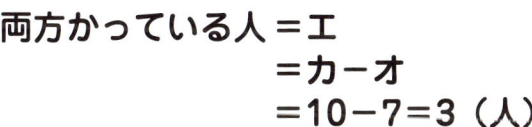

COLUMN 5

言葉の式は、中学の関数にもつながります

4年生からは、言葉の式がこれまで以上ひんぱんに登場します。（持っていたお金）－（買った品物の代金）＝（おつり）のように、数量関係を「言葉」と「記号」を使って表した式のことです。こうした一般的な内容の他にも、面積をはじめとした公式にも登場します。これも言葉の式の１つです。この言葉の式は、中学の数学につながる学習として重要なので、ぜひ使いこなせるようになっておきましょう。

小学校の算数は、求めていく数値のそれぞれに意味があります。それに比べると中学校から学ぶ数学は、問題文をいったん方程式や文字式という関係におきかえて、数学の手法を使ってそれを処理します。このような思考方法の転換を中学校に入っていきなり子どもに期待するのは、なかなかきついものがあります。そんな中、問題文の関係を一般化された関係式でとらえるという点で、小学校で学習する「言葉の式」の役割は大きいのです。6年生で学習する「文字を使った式」にしても言葉の式ぬきには語れません。

さて、言葉の式では、買い物に行くのにどれだけのお金を持って行っても、上記の式にあてはめれば、答えを求めることができます。また、この言葉の式でどこかの数が変わると、他の数も変わるということに気づきます。これは今後の関数の考え方にもつながっているのです。

文章題を解くとき答えが出ても、すこし寄り道して言葉の式も書いてみましょう。きっと、それはその後の力につながります。

おうちで完全マスター!!

「算数の教え方」がわかる本

5年生

それぞれの項目で
公式が多く登場します。
それらを暗記して、
計算することも大切ですが
どうしてそうなるのか
式の意味を考えることは、
文章題の読解につながります。
図や絵などをうまく利用して
問題を解きましょう。

5-1

5年生　約数と公約数

約数は手順をふんで、もれがないように

ある数をわりきることができる整数を、「その数の約数」といいます。

約数は、簡単そうに見えますが、いざ問題となると「18の約数をすべて求めなさい」というように答えが1つではないので、子どもは正しいのか、間違っているのかが判断できず迷ってしまうことがあります。

行きあたりばったりでは見落とすこともあるので、きちんと手順を覚えておきましょう（例題参照）。

次に、「2つの数に共通の約数を公約数」、「公約数のうちの一番大きいものを最大公約数」と習います。最大公約数の求め方は、学校では2つの数の約数をすべて書きだして調べます。学校では習わないかもしれませんが、**公約数は、最大公約数の約数になるので、答えのチェックの目安にする習慣を身につけましょう。**

また、公約数とくに最大公約数は、分数の約分をするときに必要になってくるので大切です。

例題　18の約数をすべて答えなさい。

1

答えが18になるかけ算をさがそう。
たとえば、
1×18、2×9は
18になるね

18		
1	×	18
2	×	9
⋮		⋮

上のような表をつくり、答えが18になる組みあわせを書きだしてみましょう。

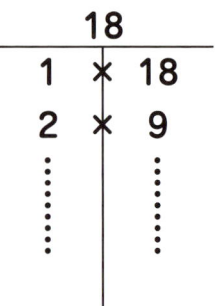

2

**3×6、6×3…
同じ数字がでてきたら
ストップしよう。
この上のすべてが
18の約数なんだよ**

右と左の列に同じ数がでてきたら終わりです。その上のすべての数が、18の約数になります。

18	
1	18
2	9
3	6
6	3

ストップ！

答え 1、2、3、6、9、18

例題　8と12の最大公約数を求めなさい。

1

**8の約数は何かな？
1、2、4、8だね。
12の約数は1、2、3、4…**

さきほどの例題の方法で、それぞれの約数を求めます。そして見やすいように表を作って調べた数を書いてください。

8の約数	1	2		4		8	
12の約数	1	2	3	4	6		12

2

**共通する約数で
一番大きなものは
何かな？**

**8と12の公約数
→1、2、4の3つ**

表で共通しているものが公約数です。その中でも最大のものをさがしましょう。

4の約数と
同じになるよ！

答え 4

まとめ

- 手順にそって、もれなく約数を見つけるようにする
- 最大公約数は、それぞれの約数をすべて書きだし、共通するもので一番大きなものを見つけて求める

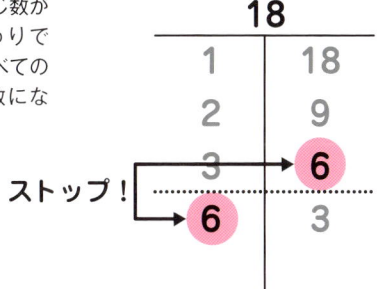

5-2

5年生　倍数と公倍数

公約数と公倍数が混ざらないように注意！

ある数に整数をかけてできる数が、その数の倍数です。倍数にはその数自身も含まれますが、0倍つまり0はのぞいて考えます。

倍数は約数のようにすべて求めなさいという問題はありませんが、逆に無数にあるというのが、別の意味でとらえにくいようです。

倍数を勉強すると、必ずといっていいほど「約数」と混ざって「最大公倍数」という言葉を使う子どもができます。**「約数はもとの数をわれる数だからもとの数以下で、倍数はもとの数を何倍かした数だからもとの数以上になる」ということを根気よく教えてください。**

公倍数、とくに最小公倍数は、通分をするときに必要になります。また中学校でも方程式を解くときに大切なので、きちんと理解しましょう。

小学校では、ある数に整数を順番にかけていき、倍数を調べる方法をとっています。ていねいに調べる習慣をつけましょう。

例題　40までの6の倍数をすべて答えなさい。

1

6に整数をかけてできる数が、6の倍数だから、表にしてみると…

かける数	1	2	3	4	………
6の倍数					………

上のように倍数の表を作ってください。

2 0は入らないよ。だから、6、12、18…

かける数	1	2	3	4	5	6	7	…
6の倍数	6	12	18	24	30	36	42	…

答え **6、12、18、24、30、36**

例題 3と4の公倍数を小さいほうから3ついいなさい。また、最小公倍数を求めなさい。

1 それぞれの倍数を表にしてみよう

3と4の倍数をそれぞれ表に書いて整理しましょう。

3の倍数	3		6		9	12	15		18		21	24	27		30		33	36
4の倍数		4		8		12		16		20		24		28		32		36

2 共通しているのはどれかな？　その中で一番小さなものはどれ？

表を見て、それぞれの共通する倍数をチェックしてください。

答え **公倍数…12、24、36**
最小公倍数…12

まとめ

- 倍数は整数をかけてできる数で、無数にあるということを理解する
- 最小公倍数はそれぞれの倍数を書きだし、共通するもので一番小さなものを見つけて求める
- 公倍数は、最小公倍数の倍数になるので、答えのチェックに使う

5-3 **5年生** 約分と通分

約分は書き方、通分は最小公倍数がポイント

「約分」とは、「その分数の分母と分子をその公約数でわって、分母の小さい分数にすること」です。しかし、「約分しなさい」という問題のときは、これ以上約分できない分数にまですることが求められます。

分母と分子を同じ数でわり、斜線で消してその上下にわった数を書き入れていきますが、このとき、**字が読みづらいと間違えることが多いので注意しましょう。**

一方「通分」とは、「2つ以上の分数で、それぞれの分数に等しい分数の中から、分母が同じものを見つけだすということ」です。

通分する際、通常は分母の最小公倍数にそろえますが、これがなかなか面倒な作業です。教えるときは、まず、$\frac{1}{2}$と$\frac{1}{4}$や$\frac{2}{3}$と$\frac{1}{6}$のように、**一方の分数の分母が、もう一方の倍数になっているものからはじめてください。その次に$\frac{1}{2}$と$\frac{1}{3}$程度のやさしい計算に進むと分かりやすいでしょう。**

例題 $\frac{16}{20}$を約分しなさい。

1

分数はね、分母と分子に同じ数をかけても、わっても大きさが変わらないんだよ

$$\frac{\triangle}{\square}=\frac{\triangle\times\bigcirc}{\square\times\bigcirc}$$

$$\frac{\triangle}{\square}=\frac{\triangle\div\bigcirc}{\square\div\bigcirc}$$

※○は0以外です。

分数の性質を説明しましょう。分かりにくければ、実際の数を入れ、数直線などを書いて確認してみてください。

2

だからまず
2でわってみて…
まだわれるね。
また2でわろう

$$\frac{\cancel{16}^{\cancel{8}^{4}}}{\cancel{20}_{\cancel{10}_{5}}}=\frac{4}{5}$$

同じ数（公約数）で分子と分母をわります。16 ÷ 2、20 ÷ 2…というふうに計算し、わりきれなくなるまで続けましょう。

答え $\frac{4}{5}$

例題 $\frac{3}{5}$ と $\frac{5}{7}$ を通分して大きさを比べなさい。

1

分母は５と７だね。
この２つの
最小公倍数は何かな？
表にしてみると…

5の倍数	5	10	15	20	25	30	35
7の倍数	7	14	21	28			35

それぞれの倍数を書きだしてみます。共通していて最小のものを探しましょう。

2

35だね。それぞれ、
７と５を分母と分子に
かけてみよう。
そうすると分母が
35になるから
比べられるね

通分すると

$$\frac{3}{5}=\frac{3\times7}{5\times7}=\frac{21}{35}$$

$$\frac{5}{7}=\frac{5\times5}{7\times5}=\frac{25}{35}$$

で $\frac{21}{35}<\frac{25}{35}$ です

答え $\frac{21}{35}$ と $\frac{25}{35}$、$\frac{5}{7}$ のほうが大きい

まとめ

- 約分は、「分母と分子を同じ数でわり、分母の小さい分数にすること」で、分母と分子の公約数でわる
- 通分は、「分母の同じ分数になおすこと」で、分母の公倍数を見つけて、分母をその数になおす
- 「分数の分母と分子に同じ数をかけても、同じ数でわっても大きさが変わらない」という考え方を理解する

5-4

5年生　分数のたし算とひき算（異分母）

分数のたし算とひき算は、通分が重要

5年生では、分母の異なる分数のたし算とひき算を習います。

基本は、「分母が違う場合は、通分してから計算する」という作業です。 通分は習ったばかりだから比較的スムーズにできるでしょう。

通分ができたら、あとは3年生と4年生で学習した同分母の足し算と引き算です。しかし、4年生までと違ってすでに約分を学習していますから、計算して約分できる場合は、約分をするように教えてあげてください。

さて、通分は分母に最小公倍数を使うのがふつうですが、どうしても苦手な場合には、$\frac{5}{6}-\frac{3}{4}=\frac{5\times4}{6\times4}-\frac{3\times6}{4\times6}$ように、一方の分数の分母と分子に他方の分数の分母をかけて通分し、計算することも可能です。分母をそろえるために、このように実行するのだと理解できていれば、このやり方もOKです。ただし、数が大きくなったり、約分がよけいに必要になったりします。

例題　$\frac{1}{2}+\frac{1}{3}=\square$

分母が違うときは
通分だよ

1

分母の2と3の
最小公倍数は
いくつかな？

$\frac{1}{2}+\frac{1}{3}$

2と3の最小公倍数は
6

2と3の最小公倍数をさがします。簡単なものなら、表に書かないでも答えられるようにしましょう。

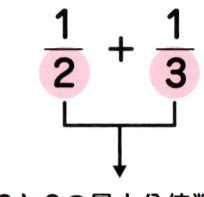

2 6だから、それぞれの分母と分子に3と2をかけて分母を6にしよう。そうすれば計算できるね

$\frac{1}{2}$ と $\frac{1}{3}$ を通分すると

$\frac{3}{6}$ と $\frac{2}{6}$ になるので

$$\frac{1}{2}+\frac{1}{3}=\frac{3}{6}+\frac{2}{6}=\frac{5}{6}$$

答え $\frac{5}{6}$

各分数に3と2をかけて通分（分母を同じに）してから計算します。

例題 $\frac{5}{6}-\frac{3}{4}=\square$

1 分母の6と4の最小公倍数はいくつかな？

6と4の最小公倍数をさがします。

$\frac{5}{6}-\frac{3}{4}$

6と4の最小公倍数は **12**

2 12だから、それぞれの分母と分子に2と3をかけて分母を12にして計算しよう

$\frac{5}{6}$ と $\frac{3}{6}$ を通分すると

$\frac{10}{12}$ と $\frac{9}{12}$ になるので

$$\frac{5}{6}-\frac{3}{4}=\frac{10}{12}-\frac{9}{12}=\frac{1}{12}$$

答え $\frac{1}{12}$

各分数に2と3をかけて通分（分母を同じに）してから計算します。

まとめ

- 分母の違う分数は、通分してから計算する
- 答えが約分できるかチェックするのを忘れないようにする

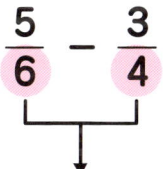

5-5　5年生　小数と分数

「分数はわり算でもある」ということを目でも確認

5年生までは分数を「あるものをいくつかに等分したもののいくつ分」と習ってきました。$\frac{2}{3}$であれば、たとえば「1mを3つに等分したものの2つ分」と子どもは考えているはずです。ただ、分数にはもう1つ別の「分数は、わり算のことでもある」という考え方もあります。

つまりわり算は、わられる数を分子、わる数を分母として分数の形でも表すことができるというものです。これを利用すれば、分数を小数に変えることができますね。

ただ、分数を小数にするとき子どもは、どちらをどちらでわっていいのか悩んでしまいます。そんなときは、$\frac{1}{2}$など簡単な分数を例にして、「$\frac{1}{2}$は1より小さいね。じゃあ、1÷2かな、2÷1かな」と説明すれば、分かりやすいでしょう。

また分数を小数になおすとき、わり切れない場合は四捨五入が必要です。以前にもでてきましたが（P86参照）ここで復習しておきましょう。

例題　$\frac{2}{3}$を小数になおしなさい。

（わり切れないときは、四捨五入して1/100の位までの小数にしなさい）

1

$\frac{2}{3}$は、2÷3というわり算でもあるんだよ。だから、2÷3をひっ算で計算して四捨五入すると…0.67になるね。

まず、分数が分子わる分母というわり算でもあるということを確認してください。あとはひっ算の計算をしましょう。

2

どうしてわり算になるかというと、1mを3等分した2つ分と、2mを3等分した1つ分が、同じ量になるからなんだよ。

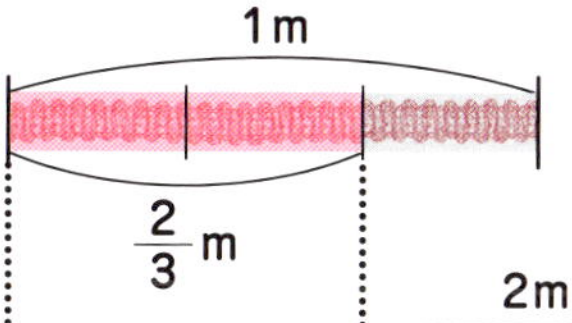

$\frac{2}{3}$mは、1mを3等分した2つ分と習いました。

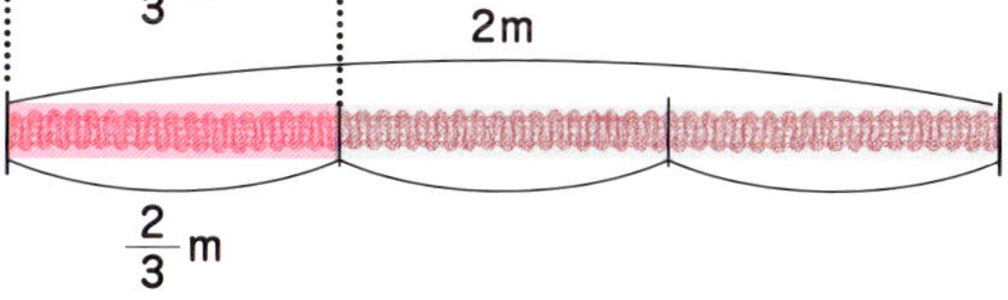

$\frac{2}{3}$mは、2mを3等分した1つ分でもあることを説明してください。2つの考え方をmという量におきかえて比べると分かりやすいでしょう。

答え **0.67**

例題 0.5を分数になおしなさい。

1

0.5mは1mのどこかな？　1mを10等分した5つ分だね

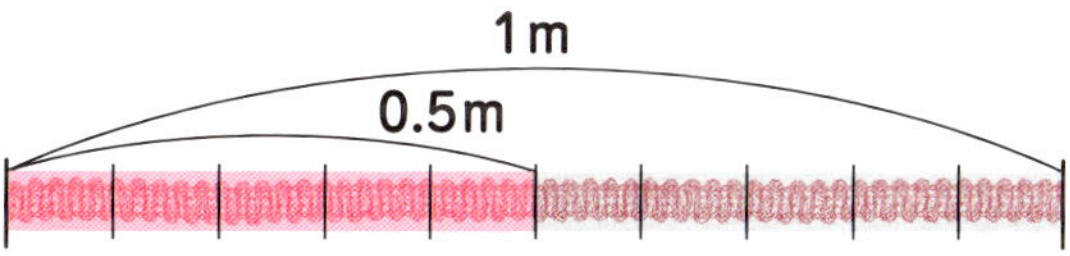

線分図を使って、0.5mがどの位置か目で確かめましょう。

2

ということは、$\frac{1}{10}$の5つ分なので$\frac{5}{10}$になるね これを約分すると$\frac{1}{2}$だね

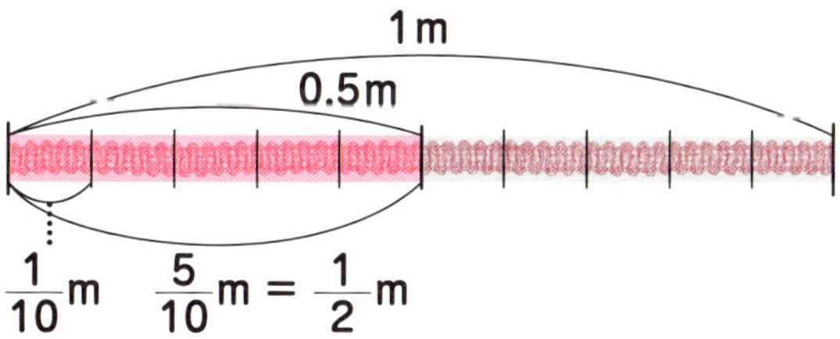

1mを10等分した5つと、0.5mが同じだと確認しましょう。0.5mは1mを2つに等しく分けたときの1つ分だから$\frac{1}{2}$と考えてもいいでしょう。

答え $\frac{1}{2}$

まとめ

- 「わり算は、わられる数を分子、わる数を分母として分数で表せる」という考え方を身につける
- 四捨五入の復習も同時におこなう
- 小数を分数にするときは、分母を10、100、1000とおいてみる

三角形と平行四辺形の面積は底辺と高さのペアが、かぎ

4年生では、一辺の長さが1cmの正方形のいくつ分かを調べて、正方形と長方形の面積を求めました。5年生では、さらに考える範囲が広がります。

三角形や平行四辺形の面積の学習の中で一番難しいのは、底辺と高さのペアを決定することです。どの辺でも底辺となりえるのですが、それに応じて高さが変わってきます。

とくに「高さ」を三角形の外に見つけなければいけない場合が難しいといえます。どの辺でも底辺になりえるということは、実は子どもにとって分かりにくいのです。

あまり指摘されませんが、より複雑な台形やひし形の場合、上底と下底のペアや対角線のペアは一通りに決まるので、公式にあてはめる上では、むしろやさしいともいえます。

ですから、もっと難しい問題ができる子どもでも、三角形や平行四辺形の面積を求めるときにつまずくことがあるので注意しましょう。

例題 次の三角形の面積を求めなさい。

1 三角形の面積は、底辺×高さ÷2だね。底辺と高さをどう選ぶと面積が分かるかな？

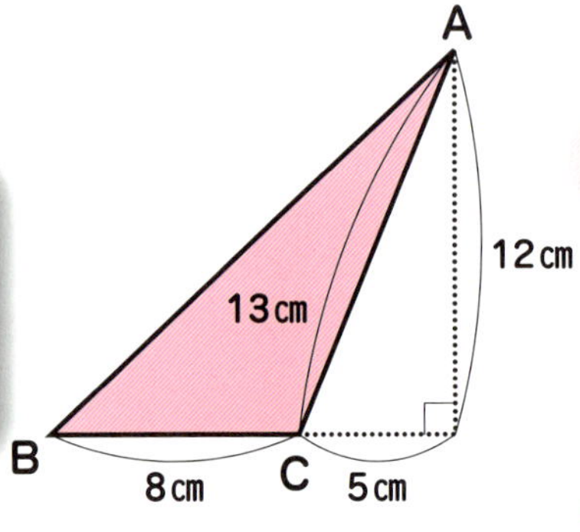

高さとは、「三角形ＡＢＣで、辺ＢＣを底辺とするとき、頂点Ａから直線ＢＣに垂直にひいた直線の長さ」と説明してください。

2 底辺が8cmとしたら高さが12cmだから…

8 × 12 ÷2＝48(cm²)
（底辺）（高さ）

高さが 13cmだと間違わないように注意してください。

答え 48cm²

例題 次の平行四辺形ABCDの面積を求めなさい。

1 BCを底辺としたら、高さはどれかな？面積の公式を使って計算してみよう

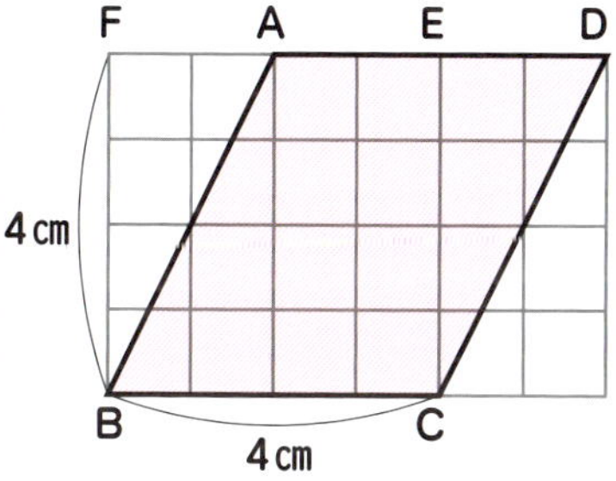

まずは、底辺と高さを見つけ、平行四辺形の面積の公式を使って計算してください。

2 じゃあ、公式の意味を考えてみよう！まず、ECに線をひいてみると…

4 × 4 ＝16(cm²)
（底辺）（高さ）

3 三角形ECDを移動させてみると長方形になるね

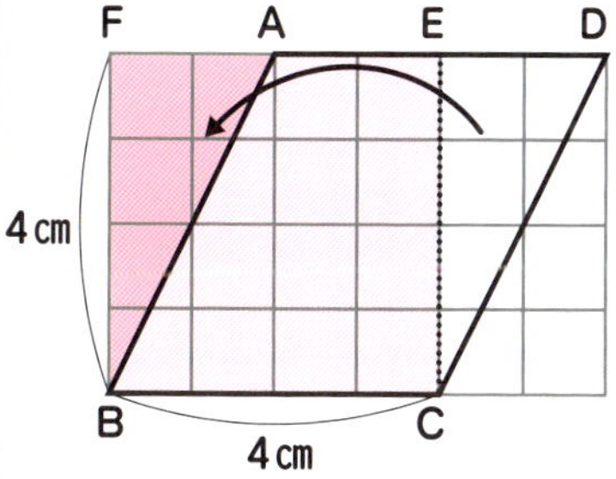

三角形ＥＣＤを三角形ＦＢＡに移動させましょう。

平行四辺形ＡＢＣＤの面積は、正方形ＦＢＣＥの面積と同じなので、４×４＝16と計算できます。

答え 16cm²

まとめ

- 三角形と平行四辺形の面積の公式を身につける
- 底辺や高さのペアを正しく見つけることができるようにする
- 底辺が変わると、高さも変わることを確認させる

5-7

5年生　面積2

台形やひし形の面積は、用語の理解から

台形の面積やひし形の面積の求め方は、今まで習ってきた公式と少し違います。

台形には「上底《じょうてい》」と「下底《かてい》」という子どもには聞き慣れない言葉が使われ、ひし形も辺の長さを使わずに対角線の長さだけで面積を求めます。とくに対角線は、四角形の構成要素（頂点、辺、角）にないので、理解しにくいものといえます。

また**「（上底＋下底）×高さ÷2」という台形の面積の公式は数学的に重要です。**上底と下底の長さを等しくすると平行四辺形の公式になり、上底を0にすると三角形の公式になります。こうした見方はとても数学的なので、子どもにゆとりがあるときは、ぜひ教えてみてください。

「対角線×対角線÷2」というひし形の面積の公式も、くさび形などの面積を求めるときに応用でき、これも大切ですからしっかり覚えておきましょう。

例題　次のひし形の面積を求めなさい。

1

ひし形の面積の公式はどうだったかな？
対角線×対角線÷2だね

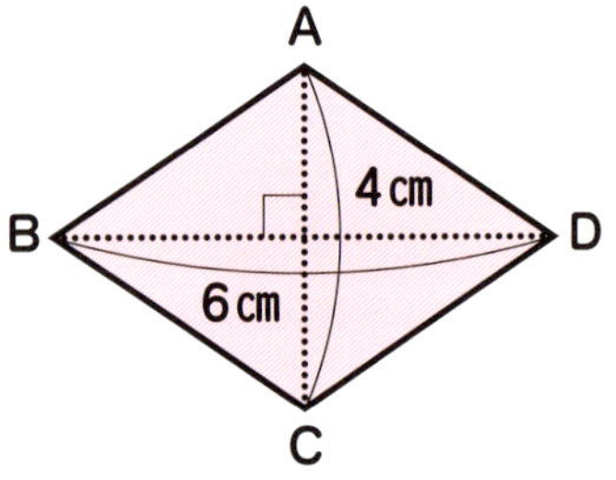

まずは、ひし形の面積の公式を確認してください。

ひし形の面積＝対角線 × 対角線 ÷2

2

対角線はどこになるかな？分かったら公式に入れてみよう

対角線がどこになるのか、聞いてみましょう。対角線の長さが分かったら、公式にあてはめてください。

$6 \times 4 \div 2 = 12$(㎠)

答え **12㎠**

例題 次の図の四角形の面積を求めなさい。

1

これは何という四角形かな。そう、台形だね

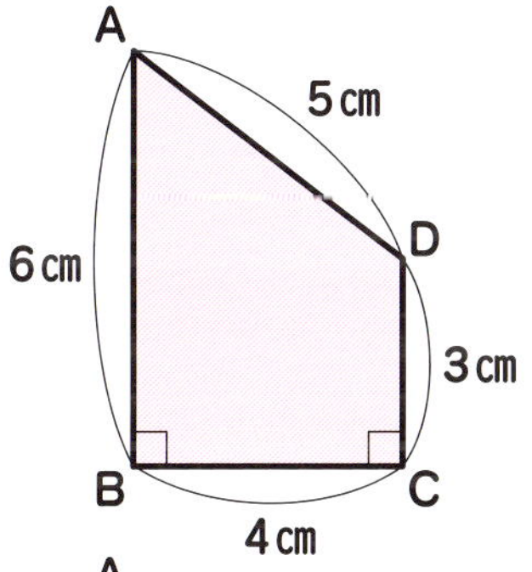

辺BCが辺ABと辺DCの両方に垂直なので、辺ABと辺DCが平行になります。つまり、この四角形は台形であることを気づかせましょう。

※この問では5㎝は用いません。

2

じゃあ、台形の面積の公式を思い出して面積を計算しよう。どれが上底、下底か気をつけよう

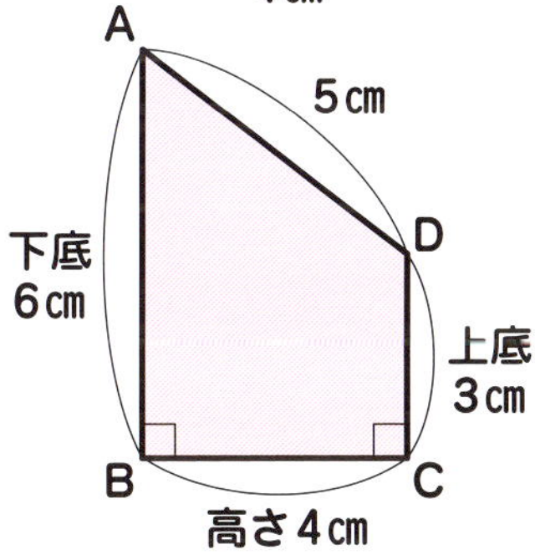

辺ABと辺DCが平行なので、一方が上底、もう一方が下底です。そして、これら両方に垂直な辺BCが高さです。

※こ 3㎝の辺を下底、6㎝の辺を上底としてもかまいません。

答え **18㎠**

台形の面積＝(上底＋下底)×高さ÷2

面積：$(3+6) \times 4 \div 2 = 18$(㎠)

まとめ

- 台形とひし形の面積の公式を身につける
- 上底、下底、対角線などの用語をとくに注意して確認する
- 以前に習った面積の公式なども使いながら、工夫して面積をだせるようにする

5-8

5年生　体積

立体の体積は、いろいろな見方や発想を

教科書では、「かさのことを体積という」と定義しています。そして、1辺が1㎝や1mの立方体がいくつ分かということを調べて体積を求めます。この立方体の積み重ねでいろいろな立体の体積が求められるということを理解しましょう。

「直方体の体積＝タテ×横×高さ」、「立方体の体積＝1辺×1辺×1辺」という公式は、まさにこの考え方で理解できます。

また5年生では、立方体と直方体を組みあわせたり、直方体から直方体をぬいたりしたような複合的な立体の体積も学習します。

立方体や直方体の体積であれば計算できるのですが、複合図形の体積は直方体の体積の和や差を計算しなければならず、子どもはとても難しく感じます。

分解したり、ぬけている部分の体積を計算することで、求めたい体積をだすという発想を持てるようにしましょう。

例題　次の直方体の体積を求めなさい。

1

体積は1辺1㎝の立方体がいくつあるかなんだよ
タテは3個、横は5個、高さは4個だね。
だから3×5×4で何個あるか分かるから、体積も分かるね

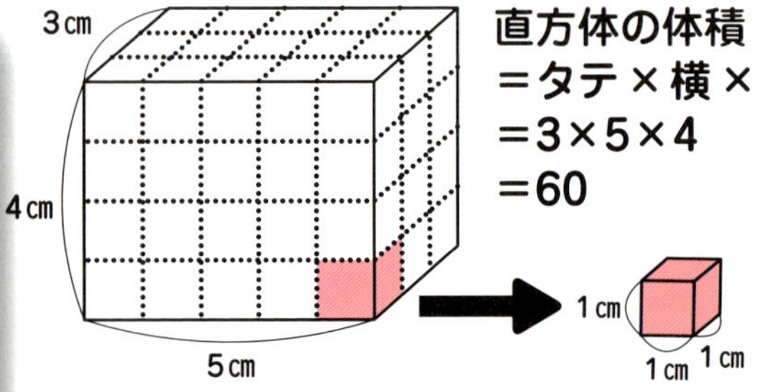

直方体の体積
＝タテ×横×高さ
＝3×5×4
＝60

答え　60㎤

1辺が1㎝の立方体がいくつかあるかを考えます。1個が1㎤なので、3×5×4（個）あることから、60㎤ということが分かります。

例題　次の立体の体積を求めなさい。

※ただし、角はすべて直角です。

1

複雑な立体は、
分解してみると
分かりやすいよ。
ここで切ってみると
どうなるかな？

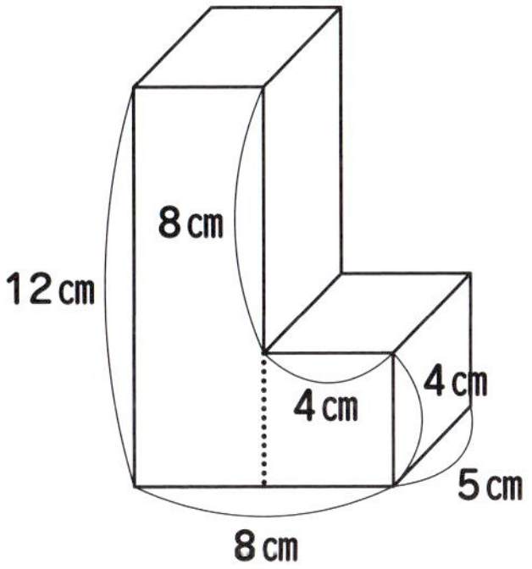

複雑な立体を考えやすくするために、線をひいて２つの立体に分けましょう。

2

アとイという
２つの立体に
分かれるね。
アの直方体と
イの立方体の体積を
求めると…

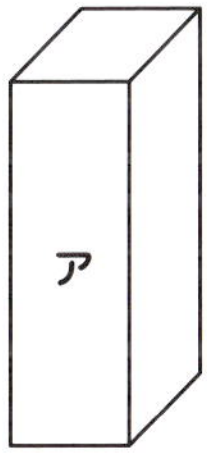

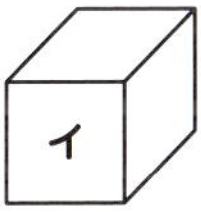

アの体積：5×4×12＝240(㎤)
イの体積：5×4×4＝80(㎤)
240+80＝320(㎤)

アとイのそれぞれの体積を計算して、たしてください。

3

他にもあるよ。
ウとエにも分けられるし、
大きな直方体からオを
ぬいた形でもあるね

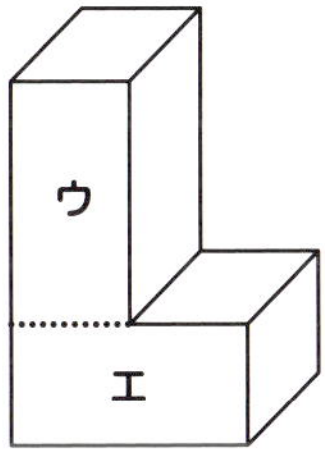

ウ＋エ

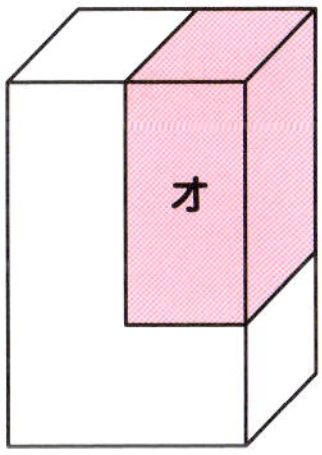

大きな直方体の体積－オ

これらの求め方にも挑戦してみましょう。

答え　**320㎤**

まとめ

- 体積(＝かさ)は、1辺が1㎝(m)の立方体がいくつあるかで求める
- 体積の意味を理解した上で、公式を使えるようにする
- 複合的な体積は、いくつかの立方体と直方体に分けて考える

5-9 5年生 体積の単位

L(リットル)と㎤の関係を理解しよう

単位の仕組みを知る学習が3年生からあります(72、73ページの3－9)。それに続く形で、4年生では面積の単位の関係、5年生では体積の単位の関係を勉強します。

面積や体積の単位はそれぞれ長さの単位を2乗、3乗してできる単位なので、子どもたちには単位換算が難しいです。そして、体積の単位は㎤とL(リットル)との関係も要注意です。また、面積には*a*(アール)やh*a*(ヘクタール)といった単位もあります。

このような難所を乗り越えるために、**6ページに掲載した「単位ボックス」という考え方を是非活用してください。**長さ、面積、体積の単位換算を上手にできるようになると思います。

また、算数で習うことはないかもしれませんが、1mLの水の重さが1*g*であることは覚えておいて損はないので、お子さんに是非説明してあげてください。

例題 1Lは、1辺の長さが何㎝の立方体の体積ですか?

かさ(L)と容積(㎤)の関係を絵にして説明してください。

1 1辺10㎝の立方体の中に入る水のかさと1Lの牛乳パックのかさが同じなんだよ

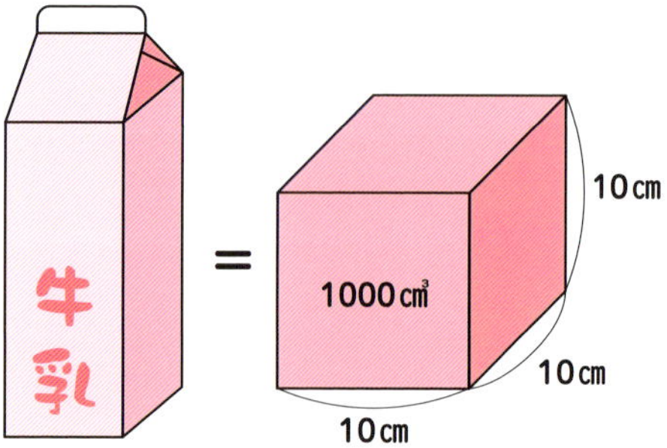

1L＝1000mL　10×10×10＝1000㎤

↑ ×1000

1mL＝1㎤

答え **10㎝**

※学校によっては、1L＝1000㎤と習う場合と、1辺10㎝の立方体の体積が1Lだと習う場合があります。どちらも結果は同じなので、学校のやり方にあわせてください。

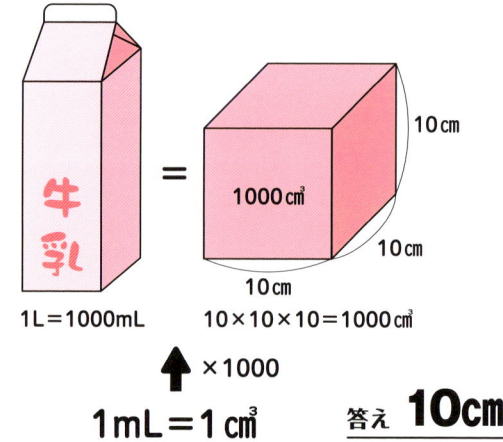

例題 2Lの水が入ったペットボトルの重さをはかると、2070gありました。ペットボトルの重さは何gでしょう。

1 2Lは何㎤かな？
そう、2000㎤だね

2 水1㎤の重さが1gだということを使ってペットボトルの重さを求めよう

前の例題で1L＝1000㎤を学びました。2L＝2000㎤です。

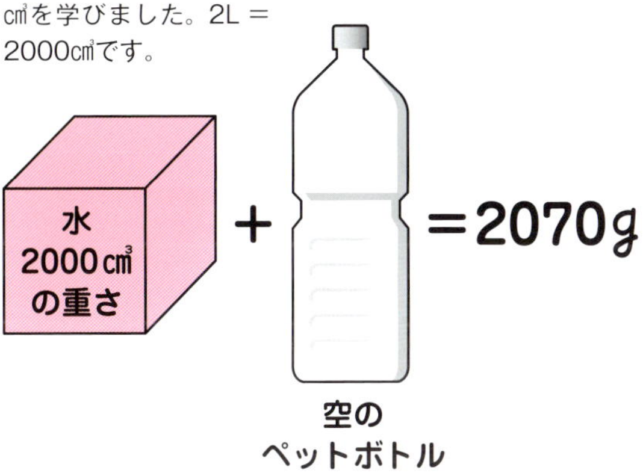

水2000㎤は2000gなので、
ペットボトルは

$$2070-2000=70(g)$$

答え **70g**

単位の前につく言葉

ミリ m	センチ c	デシ d	デカ da	ヘクト h	キロ k
$\frac{1}{1000}$	$\frac{1}{100}$	$\frac{1}{10}$	10倍	100倍	1000倍

まとめ

- ●㎤とLの関係を理解する
- ●水1㎤の重さが1gだと覚えておくと便利

5-10

5年生　合同

合同の学習は三角形の決定の学習

中

学校で数学を勉強したパパとママなら、「合同」と聞くと、三角形の合同条件や図形の証明などを思いだすかもしれません。しかし**小学校では、何が分かれば合同な図形が書けるか、という点に主眼があります。**三角形の場合だと、これが「三角形の合同条件」です。合同条件という言葉は登場しないものの、5年生で学習します。

合同の学習は2つの図形を比べる学習でもあります。そのため、「対応する角」などに使われる「対応」という難しめの言葉もでてきます。また、これまで「同じ図形」ですんだものを、わざわざ「合同な図形」と言い換えることを厄介に思う子どももいます。そんなときには、**「『同じ』だと、面積が同じなのか、形が同じなのか分からないよ」と教えてあげてください。**6年生になると、図形の拡大と縮小を勉強しますが、これは大きさは違って形が同じ図形にほかなりません。

例題　定規、コンパス、分度器を使って、下の三角形と合同な三角形DEFをノートに書きなさい。

1

いくつかやり方があるよ。
定規とコンパスで
書いてみよう

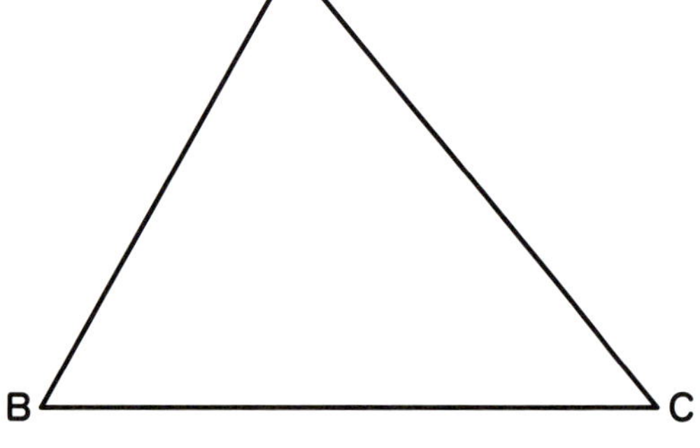

2

**まず、辺BCから
はじめるよ**

コンパスで辺 BC の長さをはかり、直線上に辺 BC と同じ長さをとります。

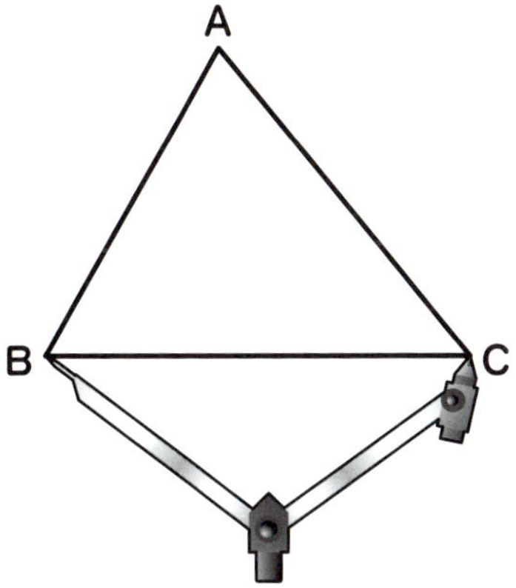

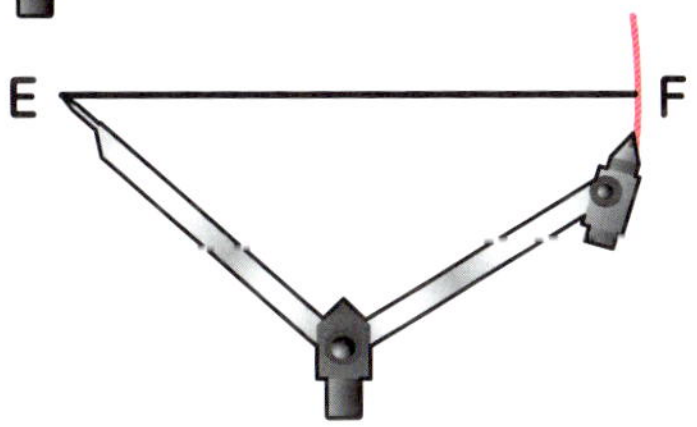

3

**同じようにして、
辺AB、辺ACも
書いてみよう。
3年生の学習を
思いだそう**

残りの辺 BA、辺 CA の長さもコンパスではかります。E を中心とし、半径 BA の円、F を中心とし、半径 CA の円を書き、円の交わったところが D です。

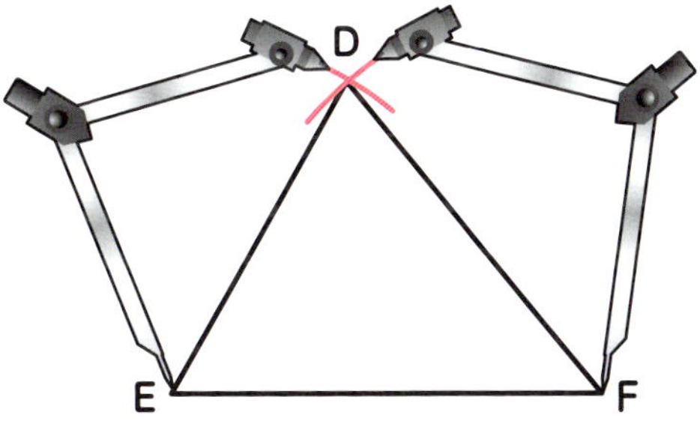

子どもはココが分からない

「対応する」ということばは、「このアプリは、このスマホに対応していない」などというい方で使われることが多いので、子どもにとって「頂点 A と対応する頂点」などといわれても分からないことがあります。

この解法では、3 辺の長さから△ABC と合同な三角形を書きましたが、2 つの辺とその間の角、1 つの辺とその両端の角の大きさからでも書けます。角をはかって書く場合は分度器を使います。

答え 右の三角形を参照してください

まとめ

- 合同の学習では与えられた三角形と合同な三角形を書けるようにする
- 「対応」など、難しい言葉も出てくるがきちんと指導する

5-11

5年生　三角形の内角

三角形の3つの角をあわせると180°ということを体験

「三角形の内角の和が180°」ということを習いますが、まず言葉に注意してください。内角という言葉は小学校では使いません。「3つの角の大きさの和」というようにしましょう。

これを証明するのは、中学2年生になってからで、5年生では紙で三角形を作って、折ったり切ったりして角をあわせて、3つの角の和が180°であることを確かめます。もちろん、分度器を使ってはかってもいいのですが、その場合は、誤差が出てくるので注意しましょう。

そのあとに**三角形の「3つの角をあわせると、直線になって、直線は180°」ということが、子どもの頭の中でしっかり整理されることが必要です。**

三角形の次は、四角形の角に進みましょう。四角形では、対角線を1本ひき、三角形を2つ作ることで180°×2＝360°と考えることができ、これは多角形にも応用できます。

例題　三角形の3つの角の大きさをたすといくつですか？

同じ三角形を3つ（各角にア、イ、ウと印を入れたもの）用意してください。

1

ここに同じ三角形が3つあるよ。こう組みあわせると、ほら下が直線になるね。アイウの角度をあわせると180°なんだよ

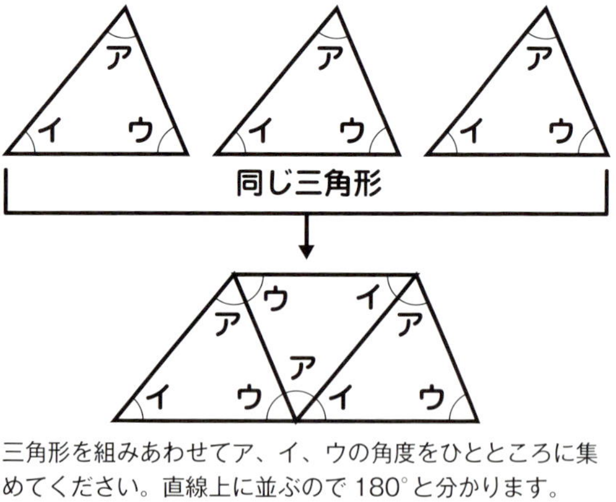

三角形を組みあわせてア、イ、ウの角度をひとところに集めてください。直線上に並ぶので180°と分かります。

または、

1

三角形をこんなふうに折ってみよう。するとこれも直線になるから…

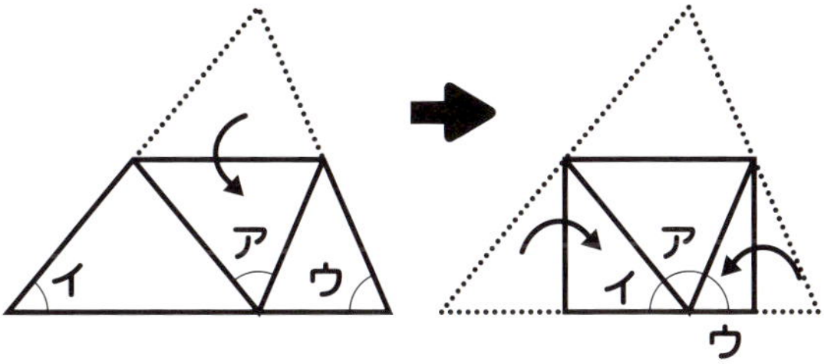

まず、アの頂点が下の辺に重なるようにまっすぐに折ってください。次に残りのかどを折りまげて、アイウの角度をひとところに集めてください。

答え **180°**

例題 四角形のアの角度を求めなさい。

1

四角形の全部の角の和は、何度だったかな？

2

右の図のように2つの三角形に分けられるから360°だったね

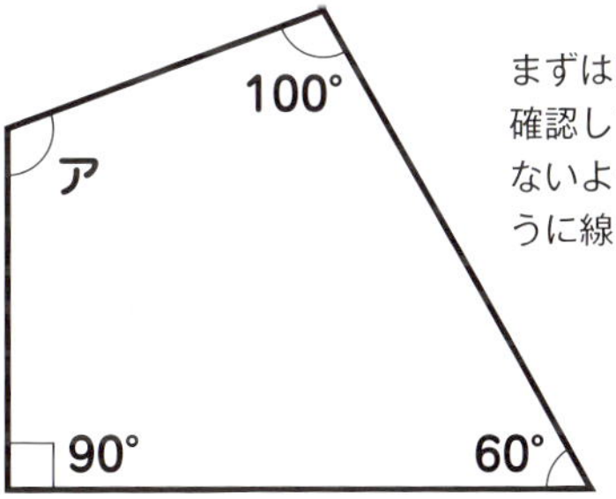

まずは四角形の角度の和を確認してください。分からないようであれば、図のように線をひいて考えます。

360－(100+90+60)
＝110

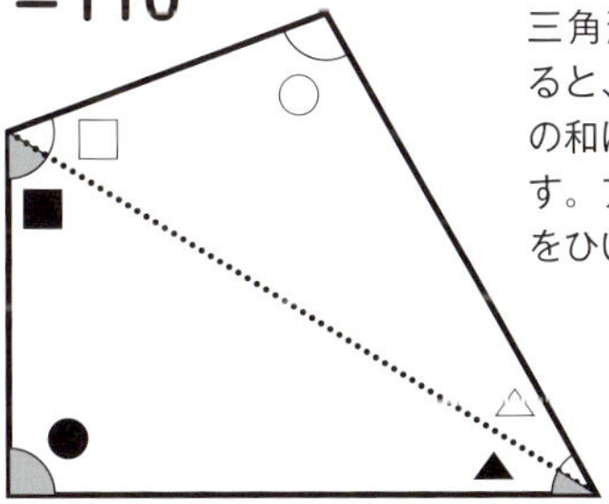

三角形が２つあると考えると、四角形のすべての角の和は 180°×２になります。アは 360°から他の角をひいて求めましょう。

答え **110°**

まとめ

- 三角形の３つの角の大きさをたすと180°になることを体験させる
- 四角形や多角形のすべての角の和は、対角線で三角形を作ることで求める

5-12

5年生　多角形

多角形の学習でプログラミングの考え方も知ろう

三角形、四角形、五角形……のように線分で囲まれた図形を多角形と言います。多角形というと五角形以上のものと勘違いし、三角形や四角形を多角形と思っていない子どもがいますので、念のため注意してあげてください。また、**辺の長さが全て等しく、角の大きさも全て等しい多角形を正多角形と言います。**特に正四角形を正方形と言います。**辺の長さが全て等しいだけでは正多角形にはなりません。**例えば、辺の長さが全て等しい四角形はひし形です。お子さんがこの点を誤解していたら、説明してあげましょう。

今話題の「プログラミング教育」ですが、その一例として「正多角形」での学習場面が設定されています。正多角形が反復を伴う一連の動作（プログラミングされた動き）で描けることや、ある数値を変えると別の正多角形が描けることが、プログラミングの考え方を知るのに適しているからでしょう。

例題　次の表をうめましょう

正多角形	正三角形	正方形	正五角形	正六角形
1つの角の大きさ（度）				

1

まず正三角形と正方形を考えよう。三角形や四角形のすべての角の和をもとにして考えてみよう

正三角形の1つの角の大きさは
180÷3＝60（度）

正方形の1つの角の大きさは
360÷4＝90（度）

三角形の角の和が180°であることと四角形の角の和が360°であることを確認します。

2

正五角形のすべての角の和は何度かな。三角形と四角形に分けて考えると540°だね。では、一つの角の大きさは何度かな

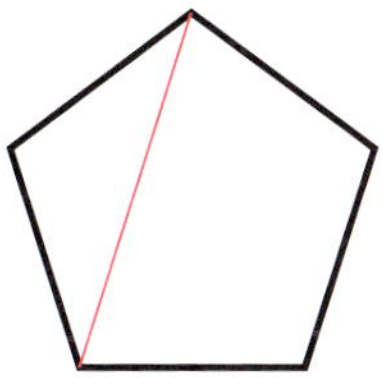

正五角形に図のように一本線を引いて、三角形と四角形に分けます。これですべての角の和が、180＋360＝540(度)とわかります。一つの角の大きさは 540 ÷ 5 ＝ 108（度）

3

正六角形のすべての角の和は何度かな。2つの四角形に分けて考えると720°だね。では、1つの角の大きさは何度かな

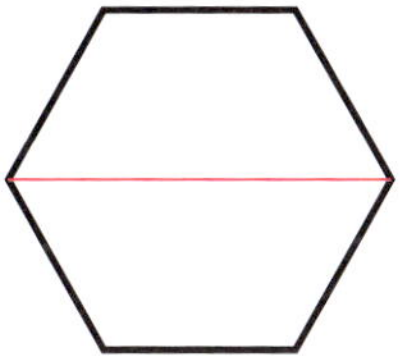

同じように正六角形も考えます。正六角形に図のように一本線を引いて、２つの四角形に分けます。これですべての角の和が、360 × 2 ＝ 720（度）とわかります。一つの角の大きさは 720 ÷ 6 ＝ 120（度）

答え

正多角形	正三角形	正方形	正五角形	正六角形
1つの角の大きさ(度)	60	90	108	120

例題

「5㎝まっすぐに線を引いて□度左に曲がる。」という動きを繰り返して、正三角形、正方形、正五角形、正六角形をかくと□にあてはまる数はそれぞれ何でしょう。

1

一つの角の大きさに注目して考えてみよう

図を書いて 180 度－（1 つの角の大きさ）で計算できることを観察しましょう

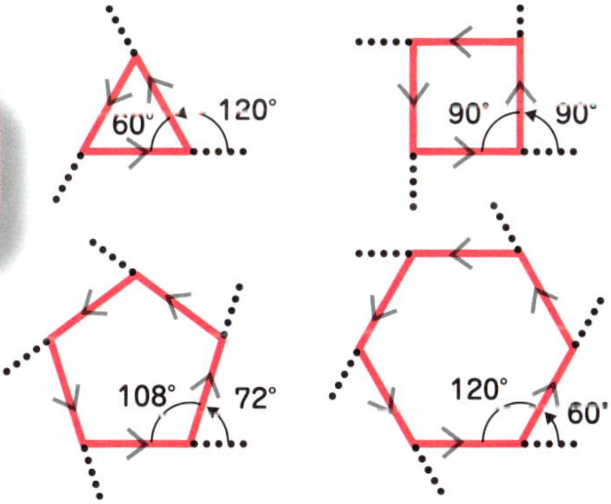

左に60度曲がっても正三角形にならないよ

答え　正三角形…120　正方形…90
正五角形…72　正六角形…60

まとめ

● 正五角形や正六角形の角の和を求める時には、三角形や四角形に分割して考える

5-13 円は、直径と半径を間違えないように図でチェック

5年生 円周率と円周

どんな大きさの円でも、「円周÷直径」は同じ数になり、これを円周率といいます。円周率は、くりかえしがなくどこまでも続いて終わりがない不思議な数です。そこで、ふつう約3.14として使っています。ただ、円周率とは3.14という数値のことだと思っている子どももいるので、「円周率って何かな？」と確認してあげてください。

円周率とは「円周÷直径」の値ですから、逆に直径に円周率をかければ円周がでてきます。しかし、円の面積を勉強すると、円周と円の面積の間違いもでてくるので、**単位を考えて式をたてるように教えてあげるといいでしょう。**

また、**円の問題を解くときは、図を書いて考えるようにしましょう。**図を書くことで、半径と直径の混乱をぐっと減らすことができます。

また、「比例」という言葉を用いて、直径と円周が比例の関係にあることを理解することも大切です。

例題 次の円の円周を求めなさい。

1

この円の直径はいくつかな？ 半径が5㎝だから直径は10㎝で、円周は10×3.14で求められるね

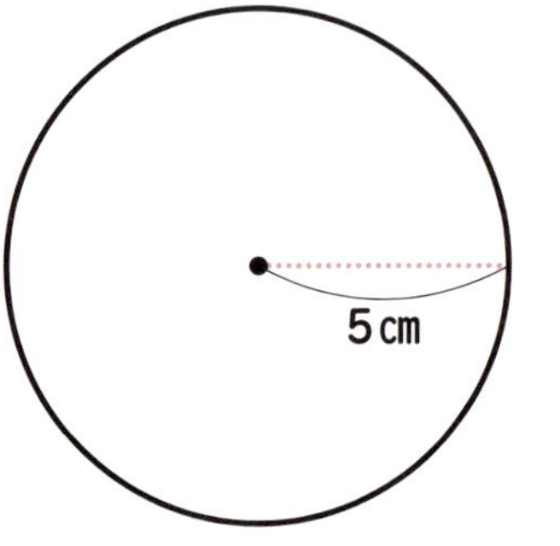

円周＝直径×3.14

答え **31.4㎝**

図を見ながら直径を確認します。半径と間違えないようにしましょう。

例題 直径10cmの円周は、直径4cmの円周の何倍ですか？

1

直径と円周は比例するのだけれど、知ってるかな？

まず、直径と円周が比例することを知っているかどうか、確認してください。知らなければ表を書いて説明します。

×2　×3

直径(cm)	1	2	3	4	……	10
円周(cm)	3.14	6.28	9.42	12.56	……	31.4

×2　×3

2

比例するから、直径が2倍、3倍…となると、円周も2倍、3倍…となるよ

比例というのは一方が２倍、3倍…となると、他方も２倍、３倍…となる関係のことです。

3

この問題では、直径が何倍になっているかな？円周は何倍になっているかな？

$$10 \div 4 = 2.5$$

直径と円周は比例するので、直径が 2.5 倍になっていると円周も 2.5 倍だと教えます。

答え **2.5倍**

まとめ

- 「円周＝直径×3.14」という公式を身につける
- 直径と半径を間違えることがあるので、図を書くようにする
- 面積と混乱しないように、式を作るときには単位にも着目する

ココが教えるポイント！

でちゅうう〜！

円周が直径の３倍ちょっとであることを、実際はかってみるのもおすすめです。身近にある茶づつなどのまわりにひもをまいて長さをはかれば、公式を実感できますよ。

5-14

5年生 比例

比例は、表、式、グラフを交えて学習

「比例」は、日常生活でもよく見かけます。たとえば、リンゴを2個買ったとき、3個買ったとき、買った個数につれて金額も2倍、3倍になります。こういった一方が2倍、3倍になれば、他方も2倍、3倍になる関係を比例といいます。

5年生では表をもとに比例の関係を知ることが重要ですが、2つの量が規則正しくかわることにも注目させてください。**6年生になると表に加え、式、グラフを自在に使えるようになることが望まれます。**

さて、これまでも「折れ線グラフ」で線を結ぶグラフは学習していますが、グラフの形を「直線」という図形の言葉で表現するのは今回が最初です。そして、こういった式とグラフの形を結びつけた考え方は、子どもたちがこの先学習する数学で大きく花開くのです。**そして、比例という関係は数学のみならず、理科で重要な言葉になります。**

例題 1段の高さが20㎝の階段の段数と階段全体の高さは比例していますか？

1 階段の段数と階段全体の高さの関係を表にしてみよう

階段の段数（段）	1	2	3	4	5	6	…
階段全体の高さ（㎝）	20	40	60	80	100	120	…

数値を表に入れていきましょう。

どう数が変化するかな？

2 段数が2倍、3倍になると高さも2倍、3倍になるから段数と高さは比例しているんだよ。

階段の段数（段）	1	2	3	4	5	6	…
階段全体の高さ（cm）	20	40	60	80	100	120	…

2倍　3倍　×20

xが2から4に2倍になるとき、yも40から80に2倍になることや上段を20倍にすると下段になることを確認して下さい。

3 今度は、段数をx段、高さを$y$cmとして、xとyの関係を式に表してみるよ。$y=20\times x$となり、きまった数20が出てくるから比例しているよ

階段全体の高さ ＝ 1段あたりの高さ × 階段の段数

にあてはめて、
xとyの関係の式を作ると

$$y=20\times x$$

比例の式　$y=$（きまった数）$\times x$になっていることを確認してください。（これは6年生の内容です）

4 グラフ用紙に数値をとってみよう。タテ軸と横軸の交点を通る直線上にあるね。比例しているからだよ

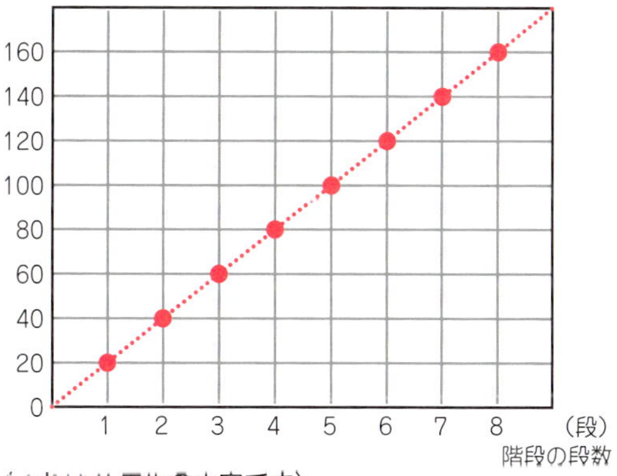

（これは6年生の内容です）

グラフ用紙を用意して、表をグラフにしてみましょう。
5年生のうちは❷の方法で確認できればよいです。

答え **比例している**

まとめ

- 6年生になると比例は、表、式、グラフのどれからでも判断できるようにする
- 比例しているグラフの特徴（原点を通る直線）を知っておく

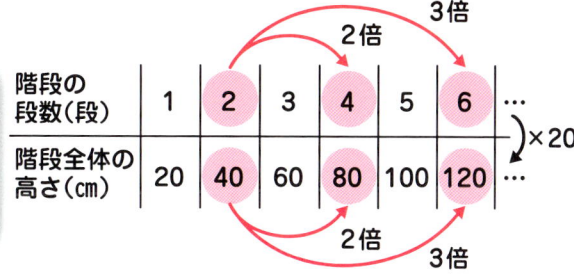

5-15

5年生　百分率と歩合

割合、歩合、百分率の関係は、何度も教えて

5年生でも、4年生にひき続き「割合」を勉強します。ただし、割合が小数になる場合が中心となり、そのため百分率や歩合も登場します。

割合は、もとにする量を1として□倍と表しますが、もとにする量を100とするのが百分率で、歩合はもとにする量に対してその0.1倍を1割、0.01倍を1分、0.001倍を1厘として表すものですね。

子どもは0.01を1%とすることは知っていても、0.1を百分率になおすときにうっかり1%と答えたりします。このような間違いは、時間をかけて何度も教えてください。

また、「1200円の70%はいくらですか」という問題の場合、0.7をかけることに気づかないときは「倍」をつけて考えるように教えてください。「1200円の70%（倍）は？」と**頭の中で（倍）をつけることで、かけるということが自然に理解できるようになります。**

例題　1割5分は、何%ですか？

1

歩合は、もとの数を10（割）にしていて、%はもとの数を100（%）にしているから、1割5分は…

小数	1	0.1	0.15
百分率	100%	10%	?
歩合	10割	1割	1割5分

小数・百分率・歩合の関係を表にして見ながら説明してください。

答え　15%

例題 1200円の70%は、何円ですか？

1

70%は70%倍と考えると、1200×0.7だね

1200に70%をなぜかけるのかは、倍という言葉で説明しましょう。

70%→70%倍

1200×0.7＝840（円）

答え 840円

例題 40人は、160人の何%ですか？

1

もとにする量が160になるんだよ。するとそのうちの何%かだから、40÷160だね

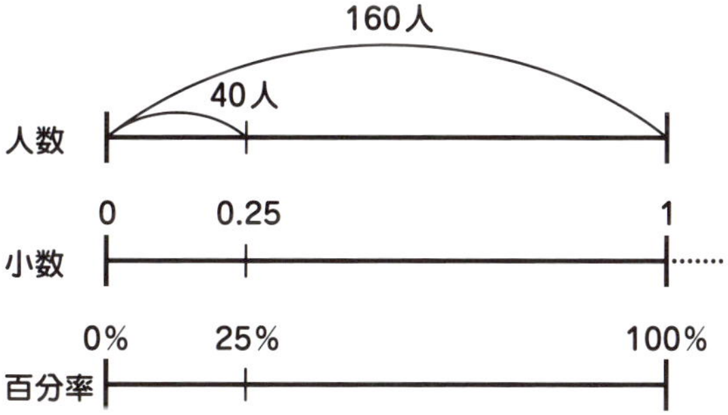

「割合＝比べる量÷もとにする量」という関係式に問題の数値をあてはめてみましょう。
（P153の割合の説明もあわせてご覧ください）

割合＝（比べる量）÷（もとにする量）

40÷160＝0.25

答え 25%

まとめ

- 小数、百分率、歩合の関係を表にして理解する
- %は、倍という言葉をつけて考えてみる

5-16

5年生　円グラフと帯グラフ

同じ割合を表すにも、帯と円では違いあり

帯グラフと円グラフは、どちらも割合の大きさを表したもので、帯グラフは、全体を長方形で表し、各項目を割合にしたがってタテに区切ります。一方、円グラフは全体を円で表し、各項目を割合にしたがって半径で区切ります。

円グラフは、角度と関係があるので50%や25%などの値がとらえやすく、帯グラフは同じ種類のグラフをタテに並べることで、各項目の割合の移り変わりなどが分かるという利点があります。

ただ、これらのグラフは、あくまでも割合のグラフなので、全体量が見えません。それが分かっていないと、2つの円グラフを見て全体量が少ないときでも、割合の多いもののほうが実際の量も多いと答えたりするので気をつけましょう。**パーセントを読みとり、正しい量を計算できるようにしてください。**また、それぞれのグラフの読み方のルールも覚えておきましょう。

例題

次の帯グラフの1970年と2002年の機械類の輸出額は、どちらが多いですか？また、1970年のグラフを円グラフにしなさい。

1

1970年の機械類は何円かな？
全体が7.0兆円でその46%だから、7.0兆×0.46で求められるね

1970年の日本の輸出品（7.0兆円）

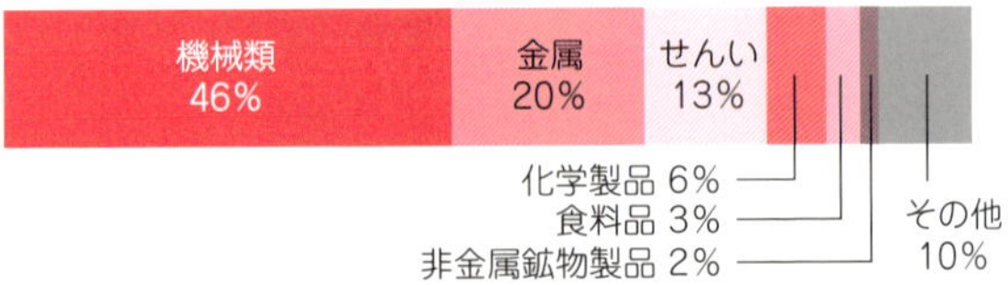

2002年の日本の輸出品（52.1兆円）

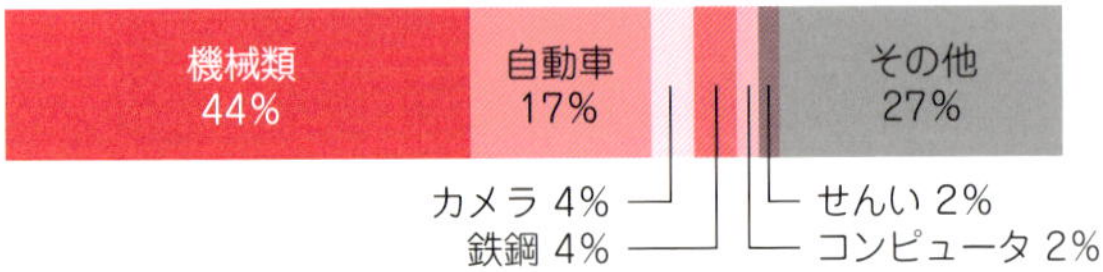

（通商白書より）

2

2002年の機械類は何円かな？全体が52.1兆円だからその44%だから、52.1兆×0.44で求められるね。どちらが多いかな？

1970年の機械類
7.0兆 ×0.46＝3.22兆(円)

2002年の機械類
52.1兆 ×0.44＝22.92兆(円)

3

円グラフは、ここが0で100の目盛りがあるんだよ

100等分されたグラフ用紙か、教科書の円グラフをコピーして使ってください。

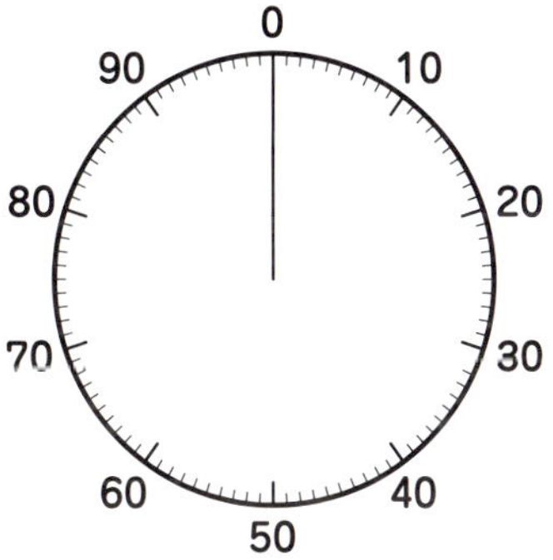

4

帯グラフを見ながら、右まわりに書いていこう

帯グラフの数値を見ながら、グラフにしていきましょう。

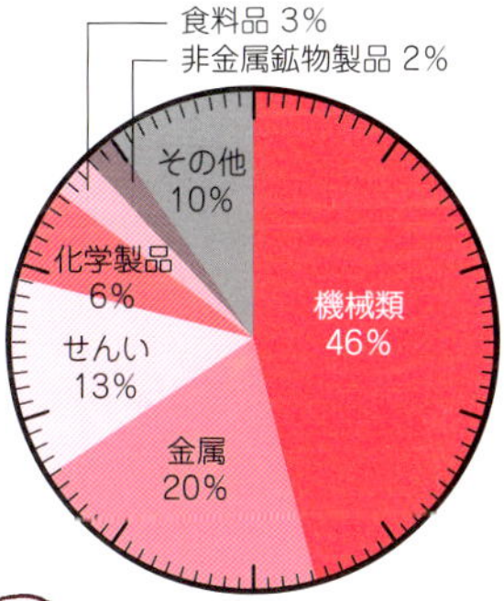

答え **2002年のほうが多い、右の図を参照ください**

まとめ

- 帯グラフは左から、円グラフは右まわりに書く
- 「その他」は一番あとに書く
- 帯グラフは推移、円グラフは内訳の割合を比べやすいという違いを知る
- 全体の量を確認することをわすれないようにする

ココが教えるポイント！

でちゅうう〜！

グラフは、算数だけにとどまらず理科や社会科でも使います。理科や社会の教科書や資料集、また新聞などにグラフがあったら、子どもと一緒に読むなどして、子どもの興味を育てましょう。

5-17

5年生　割合の3用法

割合は、言葉づかいに慣れることから

そもそも割合とは「割合＝比べる量÷もとにする量」であり、学校では、線分図や関係図を使って説明し、計算式をたてることを習います。このとき、言葉づかいも難しく、これを理解するのは、子どもにとって大変なことです。どっちが「比べる量」でどっちが「もとにする量」なのか、とまどってしまいます。パパやママはそれを理解してあげましょう。

習う公式はあと2つあります。「比べる量＝もとにする量×割合」「もとにする量＝比べる量÷割合」です。3つの数のうち2つが分かっていて、あと1つを求めるための式です。たとえば、「太郎さんのクラスの30％にあたるのは9人です。クラス全体では何人ですか？」というような問題がでたとき、式は「9÷0.3＝30」ですが、これができないときは、**いったん「（クラスの人数）×0.3＝9」という式を作ってから逆算するようにしてもかまいません。**

例題　2000円の15％引きはいくらですか？

1

15％引きということは、85％の金額だね。すると2000×0.85で求められるね

2000円の85％　＝　2000円の0.85倍

2000×0.85＝1700（円）

「15％引き」を「85％の金額」とおきかえて考えましょう。

または、

1 もう1つの考え方だと、15%引きだから2000×0.15＝300（円）が安くなるということだね。2000－300で値段が分かるね

2000円の15%　＝　2000円の0.15倍

2000×0.15＝300（円）
2000－300
＝1700（円）

わり引きになる15%の金額を計算して、2000円からひいてください。

答え **1700円**

例題　クラスの30%の9人が、反対しました。クラス全体は何人ですか？

1 クラスの人数の0.3倍の人、つまりクラスの人数×0.3が9人ということだね

クラスの30%　＝　クラスの人数の0.3倍
＝　クラスの人数×0.3

クラスの30%とクラス全体の人数の関係を考えてみましょう。

2 クラスの人数を求めるには、逆算だね

□×0.3＝9
□＝9÷0.3

式ができたら、逆算をして計算してみてください。

答え **30人**

まとめ

- 「割合＝比べる量÷もとにする量」、「比べる量＝もとにする量×割合」、「もとにする量＝比べる量÷割合」という公式（割合の3用法）を使いこなせるようにする

ココが教えるポイント！ ぢちゅうぅぅ〜！

□×0.3＝9から、□が計算できないようなら、□×2＝6から□を計算する方法（6÷2）と同じだと話しましょう。

5-18

5年生　単位量あたりの大きさ

単位量あたりは、一方を1にそろえる

「単位量あたり」といいますが、これは「1あたり」のことです。子どもに教えるときは、**「1メートルあたり、1枚あたりのことだよ」、と「1」を強調してください。**

「単位量あたり」という考え方は、理科では「物質の密度」、社会では「人口密度」など、中学校以上で登場しますし、私たちの日常生活でよく使われています。たとえば、自動車は1Lあたり何km走るかで燃費の比較ができます。また200gが250円の豚肉と250gが280円の豚肉は、100gあたりを知ることでどちらが高いかが分かりますね。**単位量あたりを計算することで、はじめて比べられるものがあるのです。**

また「単位量あたり」の考え方は、実は2年生からかけ算の意味づけに暗に使われています。2×3であれば「1皿あたり2個のミカンがあるとき、3皿の個数」などと考えていたのです。これほど、算数の土台の考え方として重要といえます。

例題

この自動車は、40Lのガソリンで500km走れます。1Lあたり何km走れますか？また1kmあたり何Lガソリンが必要ですか？

1

1Lあたりだから、Lでkmをわるんだよ

1Lあたり

500÷40＝12.5(km)

求めたい単位量の単位でわりましょう。

2 1kmあたりだから、kmでLをわるんだよ

1kmあたり

40÷500＝0.08(L)

答え **12.5km、0.08L**

どちらがわる数でわられる数なのか、間違えないようにしましょう。

例題 **大阪府の2014年4月の人口は、884万人でした。大阪府の面積は、1901km²です。**（大阪府総務部統計課調べより）**大阪府の人口密度を上から3ケタの概数で求めなさい。**
（電卓を使ってかまいません）

1 人口密度は、1km²あたり人が何人いるかということなんだよ

人口密度＝1km²あたりの人数

人口密度の意味を説明してください。

2 人口÷面積になるから、数をあてはめてみよう

1km²あたりの人数＝人口÷面積

8840000÷1901
＝4650.1…(人)

8840000 ÷ 1901 を電卓を使って計算しましょう。

答え **4650(人)**

まとめ

- 「単位量あたり」とは、「1あたり」のことと理解する
- どの単位に注目するかによって、単位量あたりの大きさを求める式もその数値も変わると考える

ココが教えるポイント！
でちゅううう〜！

社会科の資料集などを見て、住んでいる都道府県の人口密度を計算してみてください。他にも単位量あたりの大きさがないかさがしてみましょう。

5-19

5年生 速さ

速さは、3つの関係式を使いこなそう

今まで6年生で学習していた「速さ」が、今回から5年生の内容になりました。

「速さ」とは、「単位時間あたりにどれだけ進めるか」で、「速さ＝道のり÷時間」で求めることができます。この3つの量には、次の関係もあります。「道のり＝速さ×時間」と「時間＝道のり÷速さ」です。**「割合」のときと同じように、このうち2つの量が分かれば、残りの1つを求めることができるので、使いこなせるようにしましょう。**

速さには、昔から「はじき」という計算方法があるので試してみてください。ただこのはじきで考えると、計算式は簡単にできますが、基本的な速さの考え方が分かったことにはならないので、考え方を説明した上で使うようにしてください。

また、速さの問題を複雑にしているもう1つは、単位の変換です。時速と分速、秒速の変換も練習しておきましょう。

例題 15.6kmを3時間で歩いた人の時速を求めなさい。

1 速さは、道のり÷時間だね

速さ＝道のり÷時間
道のり＝速さ×時間
時間＝道のり÷速さ

速さに関する式を確認してみましょう。

2 問題の数をあてはめてみようね

15.6÷3＝5.2（km）

問題の数値を式にあてはめてください。

答え **時速5.2km**

例題　時速60㎞の自動車が、6kmのトンネルをぬけるのにかかる時間を求めなさい。

1

はじきっていうやり方があるんだよ。「は」は速さ、「じ」は時間、「き」はきょり（道のり）だよ

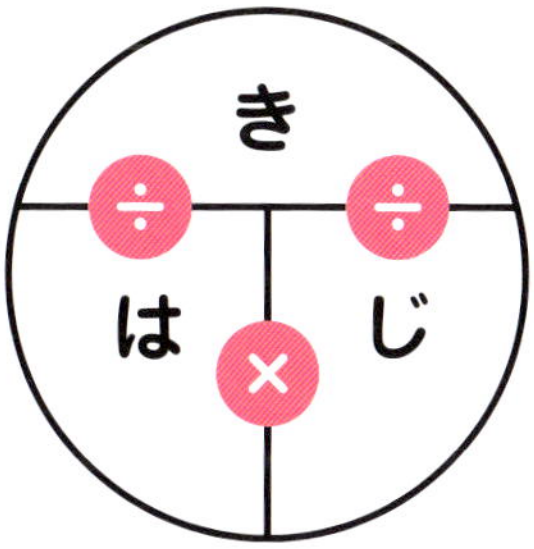

は：速さ
き：距離（道のり）
じ：時間

上のはじきの図を見ながら、意味を説明してください。

2

問題では、時間を求めたいから、「じ」を指でおさえるんだよ。これは「き」÷「は」ということになるから…

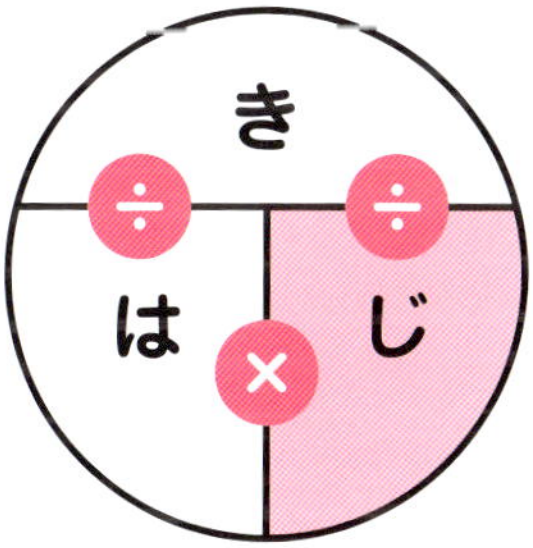

時間＝距離÷速さ
＝6÷60
＝0.1（時間）

指で「じ」の部分をおさえると、「き」と「は」が残るので、「道のり÷速さ」という式がみちびけます。

3

計算すると0.1時間になるね。これは分かりにくいから分になおすんだよ

1時間＝60分　だから

60×0.1＝6（分）

「1時間＝60分」という関係から、60×0.1という計算をして、分に変換しましょう。

答え　**6分**

まとめ

- 「速さ＝道のり÷時間」、「道のり＝速さ×時間」、「時間＝道のり÷速さ」という速さに関する3つの式を身につける
- 考え方が理解できたら、「はじき」のやり方も試してみる
- 単位を変換できるようにする

5-20

5年生　平均

「平均」を使って、グループの特ちょうを見る

いくつかの数量を、同じ大きさにならしたものを、それらの数量の「平均」といいます。6年生になるとデータの代表値の1つとして、平均は「平均値」とよばれます。

平均は、ならすこと、同じ量にすることなので、「平均＝合計÷個数」と表しますが、注意することは、個数が問題によっては、日数や人数になるということです。**「何でならすか？」を考え、それが「個数」だということを教えましょう。**

0が含まれるときも気をつけましょう。0も同じようにたして、個数でわります。また、**問題によっては、平均の人数が小数になることもあるのだと伝えてください。**

そして、この機会に資料の見方もあわせて勉強してください。たとえば、2つのクラスのテストの点を比べて、平均点が近くても、それぞれの点数のちらばりぐあいを見て、様子が違うことを読みとることができるようにしましょう。

例題　ある週のけが人の数を調べた次の結果から、この週でのけが人の平均人数を求めなさい。

1　これはどんな表かな？

ある週のけが人の数

曜日	月	火	水	木	金
人数（人）	5	2	0	6	3

表の内容を読みとる練習をしてください。

2

週の平均は、それぞれの合計÷日数だから、各曜日の人数をたしてみようね。水曜日は0だけど、これも個数に入れるんだよ

平均＝合計÷日数

$$(5+2+0+6+3)\div 5$$

$$=16\div 5=3.2$$

ここでは、「個数」が調査した「日数」であることを確認し、表の数を式にあてはめましょう。このときに、4でわらないように気をつけてください。

答え 3.2人

例題

あるテストをおこなったところ、1組の平均点は80点、2組の平均点は85点でした。1組は22人、2組は28人です。全体の平均は何点ですか？

1

まず、1組と2組のそれぞれの合計点を求めようね

1組の合計点　80×22＝1760（点）

2組の合計点　85×28＝2380（点）

平均点に人数をかけることで、組の合計点を計算します。

2

全体の平均点は、1組と2組の合計点を全体の人数でわるんだよ

全体の平均点

＝（1760＋2380）÷（22＋28）

（1760＋2380）：全体の合計点　（22＋28）：全体の人数

＝4140÷50＝82.8

ここでは、「個数」が「全体の人数」であることを確認して、「全体の平均点＝全体の合計点÷全体の人数」の式に、❶で求めた数をあてはめてください。

答え 82.8点

まとめ

- 「平均＝全体÷個数」という式を理解する
- 平均を調べるとき、0を含む項目も同じようにたし、個数にも入れる
- 資料を正しく読みとれるように練習する

COLUMN 6

奇数と偶数は、日常の中でも大切な概念

倍数と約数の学習をする際に、奇数と偶数について学習します。いうまでもなく、偶数は2でわり切れる数、奇数は2でわり切れない数です。子どもは奇数、偶数という言葉は知っているのですが、どっちが2でわり切れて、どっちが2でわり切れないかが分からずにミスをしてしまうことがあります。これは言葉の問題ですから、覚えてしまうしかないので、何度もくりかえして説明してください。

また奇数や偶数という言葉は、日常生活の中でもよく使います。グループ分けをするときに便利な言葉ですから、今のうちにきちんと使えるようにしておきましょう。

おうちで教えるときには、奇数、偶数を使った楽しい問題をだしてあげるのもいいでしょう。たとえば「上げ下げすることで、電気がついたり消えたりするスイッチがあります。スイッチを切りかえるたびにパチンと音がします。別の部屋で聞いていたら、パチンという音が5回鳴りました。最初に電気がついているとしたら、今は電気がついているのかな、消えているのかな？」という問題です。

実はこれは中学校で習うマイナスのかけ算とわり算につながる考え方で、マイナスの数が偶数か奇数かで、計算結果の＋か－かが決まるのです。もちろんこれは小学校では学習しませんが、今後の考え方の基礎が小学校の算数にあるということは知っておきましょう。

おうちで完全マスター!!

「算数の教え方」がわかる本

6年生

今まで学習した内容が
いろいろな問題のベースに
なっているところがあります。
そして、文字が登場するなど、
中学校の学習にかなり近づきます。
単位など忘れていないか
きちんと公式が理解されているか
復習してみましょう。
そして、小学校の算数の
仕上げをしてください。

「×整数」は何個分、「÷整数」は何等分や1つ分で理解する

分数のかけ算とわり算に関しては、分数に整数をかけたり、分数を整数でわったりする場合を先に学習し、分数や小数をかけたり、それらでわったりする場合がそれに続きます。「×整数」と「÷整数」を理解する基礎となるのが、3年生から勉強している分数の意味です。たとえば、$\frac{3}{8}\times5$なら$\frac{1}{8}$の3つ分が5個、つまり、$\frac{1}{8}$が(3×5)個あると考え、$\frac{3}{8}$の分子に5をかけるのです。

また、「分数×整数、分数÷整数」の方法は整数だけの計算にも応用できます。整数をかけるときは分子に、整数でわるときには分母にかけるわけですから、4÷6×3÷10×5のような計算なら、$\frac{4\times3\times5}{6\times10}$と表せます。そうすると、途中計算での約分をへて答えは1だとすぐに分かります。整数だけの計算であっても、分数を使うほうが楽にできるという例です。ぜひ、そういった分数のよさを伝えてあげてください。

例題 ペンキが1缶に$\frac{3}{4}$Lずつ入っています。6缶では何Lになりますか？

1

$\frac{3}{4}$の6個分を求めるからどんな式かな？ そう、$\frac{3}{4}\times6$だね

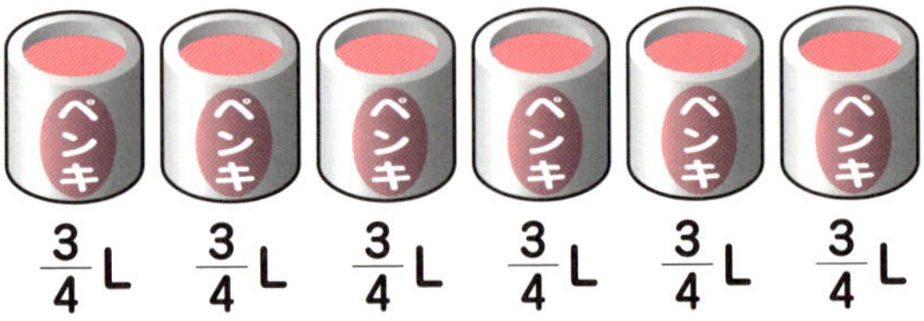

イメージを持たせる必要があれば、絵を書いてみましょう。

2

分数×整数は分子に
その整数をかければ
よかったね。
途中で約分もわすれずに

$$\frac{3}{4} \times 6 = \frac{3 \times \cancel{6}^{3}}{\cancel{4}_{2}}$$

$$= \frac{9}{2}$$

答え $\frac{9}{2}$L

$4\frac{1}{2}$Lとしても正解です。

例題 4dLで$\frac{10}{9}$㎡をぬれるペンキは1dLでは何㎡ぬれますか？

1

言葉の式を
作ってみよう。
1dLでぬれる面積を
知りたいから
わり算になるね

ぬれる面積 ÷ ペンキの量(dL)

= 1dLでぬれる面積

わかりにくいときは、4dLで壁を
8㎡をぬれるペンキなど、整数にし
て考えさせてください。

2

計算は$\frac{10}{9}$÷4だけど
分数÷整数は
分母にその整数を
かければよかったね

$$\frac{10}{9} \div 4 = \frac{\cancel{10}^{5}}{9 \times \cancel{4}_{2}}$$

$$= \frac{5}{18}$$

答え $\frac{5}{18}$㎡

まとめ

- 分数×整数と分数÷整数のやり方を身につける
- 計算途中で約分を行う
- 文章問題には言葉の式を使ったり、やさしい数で考えたりする

6-2

6年生　分数のかけ算

分数のかけ算の文章題は、言葉の式になおして

分数のかけ算は、その意味の理解は別として、分子と分子、分母と分母をかける計算なので、子どもにも比較的分かりやすい計算です。しかし、これが文章題となると状況は変わります。かけ算を使わなければいけないと気づかないのです。

文章題では、「単位あたりの量」の考え方を使うものと、「割合の分数」の考え方を使うもの（P168参照）があります。単位あたりの量は、たとえば「1dLで$\frac{4}{5}$m²ぬれるペンキは、$\frac{2}{3}$dLでは何m²ぬれますか」というような問題です。ここでの考え方は今までと同じなのですが、分数が入ってくると何に何をかけるのか、もしくはわるのかが、分からなくなってしまうことがあります。

そんなときは**簡単な例で考えたり、かけ算の意味にもどって言葉の式になおして考えましょう。**（1dLでぬれる面積）×（ペンキの量）＝（ぬれる面積）とおきかえれば、$\frac{4}{5}\times\frac{2}{3}$であることが分かりますね。

例題　$\frac{2}{3}$時間は、何分ですか？

1

1時間は60分だね。たとえば3時間が何分かを知りたいときは60×3＝180（分）だね

60（分） × **何時間**

＝ **何時間を分で表したもの**

時間と分の関係を言葉の式になおしてみましょう。

1

じゃあ、$\frac{2}{3}$時間を
同じように言葉の式に
あてはめて
考えてみよう！

$$60\times\frac{2}{3}=40(分)$$

言葉の式に、問題の数値をあてはめてください。

答え **40分**

例題 1dLで$\frac{4}{5}$$m^2$ぬれるペンキは、$\frac{2}{3}$dLでは何$m^2$ぬれますか？

1

言葉で考えてみようね。
（1dLでぬれる面積）
×（ペンキの量）
＝（ぬれる面積）だね

1dLでぬれる面積 × ペンキの量

＝ ぬれる面積

問題の意味と内容を考え、言葉の式
になおします。

2

言葉の式にそれぞれ
数をあてはめて、
分母と分子を
それぞれかけるんだよ

1dLでぬれる面積 × ペンキの量

$$\frac{4}{5}\times\frac{2}{3}=\frac{4\times2}{5\times3}=\frac{8}{15}$$

言葉に実際の数値をあてはめて、計算してください。

答え $\frac{8}{15}m^2$

まとめ

- 分数のかけ算は、分子と分子、分母と分母をかけるルールを身につける
- 言葉の式になおしてから、数をあてはめてみる

6-3

6年生　分数のわり算

分数のわり算は、まずやり方を覚えてしまう

分数のわり算の基本は、「わる数の分母と分子を入れかえた分数をかける」ということです。なぜこういうことをするかについては、大人になっても分からない場合もあるくらいなので、子どもにとって不思議なのは当たり前です。これは、次のように説明できます。

たとえば、$\frac{2}{3}\div\frac{4}{5}$を考えてみましょう。まずこの式のわられる数とわる数のそれぞれに$\frac{5}{4}$をかけます。「わり算のきまり（P93参照）」にあったように、答えは変わりませんね。$\frac{2}{3}\div\frac{4}{5}=(\frac{2}{3}\times\frac{5}{4})\div(\frac{4}{5}\times\frac{5}{4})=(\frac{2}{3}\times\frac{5}{4})\div 1=\frac{2}{3}\times\frac{5}{4}$となります。このように分母と分子を逆にしてかけると答えが同じになるわけです。ただこの説明は少し難しいかもしれません。

しかし、そこで立ち止まってはいられませんから、**ひとまずやり方として理解し、計算問題や文章題に挑戦しましょう。それから理解しても遅くありません。**

例題

$\frac{9}{5}$mのテープがあります。これを$\frac{3}{10}$mずつに分けるといくつに分けることができますか？

1

どうするのかな？
たとえば、6mのテープを2mずつに分けるなら6÷2だね
言葉の式にすると…

全体のテープの長さ

÷　1つあたりのテープの長さ

＝　分けられたテープの本数

言葉の式を考えてみましょう。また、はじめは簡単な整数におきかえて考えると分かりやすいでしょう。

2 だから、$\frac{9}{5}$と$\frac{3}{10}$も言葉の式にあてはめてみよう

$$\frac{9}{5} \div \frac{3}{10} = \frac{9}{5} \times \frac{10}{3}$$

$$= \frac{9 \times \cancel{10}^{2}}{{}_{1}\cancel{5} \times 3} = \frac{{}^{3}\cancel{9} \times 2}{1 \times \cancel{3}_{1}} = 6$$

答え **6本**

問題の数値を言葉の式にあてはめ、分数のわり算を計算しましょう。

例題 $\frac{9}{8}$㎡のかべを$\frac{3}{4}$dLでぬれるペンキがあります。このペンキ1dLでは何㎡のかべをぬれますか?

1 たとえば、6㎡のかべを2dLでぬれるペンキなら、1dLでは6÷2＝3㎡のかべをぬれるね

全体のかべの面積 ÷ ペンキの量

＝ 1dLあたりにぬれる面積

言葉の式を考えてみましょう。

2 だから、$\frac{9}{8}$と$\frac{3}{4}$も言葉の式にあてはめてみよう

$$\frac{9}{8} \div \frac{3}{4} = \frac{9}{8} \times \frac{4}{3}$$

$$= \frac{9 \times \cancel{4}^{1}}{{}_{2}\cancel{8} \times 3} = \frac{{}^{3}\cancel{9} \times 1}{2 \times \cancel{3}_{1}} = \frac{3}{2}$$

問題の数値を言葉の式にあてはめ、分数のわり算を計算しましょう。

答え $\frac{3}{2}$㎡

まとめ

- 分数のわり算は、まず手順を覚えて、計算できるようになってから意味を考えても遅くないと心得ておく
- 文章題は、簡単な数で考えたり、言葉の式におきかえてみる

6-4

6年生 割合分数

割合の分数は、関係図を使って考える

6 年生では、量を表す分数だけでなく、割合を示す分数を学習します。たとえば、「40人は60人の何倍にあたるでしょう」という問題は、$40 \div 60 = \frac{2}{3}$となり、この$\frac{2}{3}$が割合を示す分数です。

これを通常は「60人の$\frac{2}{3}$は40人」と「倍」をつけないで呼びます。これは子どもにとって難しく、こういう**単位のついていない分数がでてきたら、「倍」をつけて考えると分かりやすくなると教えてください。**

今まで習った分数は、$\frac{2}{3}$dLのように単位をつけられる量の分数だったので、混乱しないようにしましょう。

割合の分数も、小数の割合の考え方（P152参照）と同じですが、分数になって分からなくなってしまうのなら、関係図を使って考えるようにしましょう。複雑な問題も、「比べる量」と「もとにする量」が何なのか、「割合」がどれかをおさえることで、解決できます。

例題 面積が16㎡の花だんの$\frac{3}{4}$に花が植えてあります。花が植えてある面積を求めなさい。

1

「もとにする量」に「割合」をかけると、「比べる量」になるんだよ

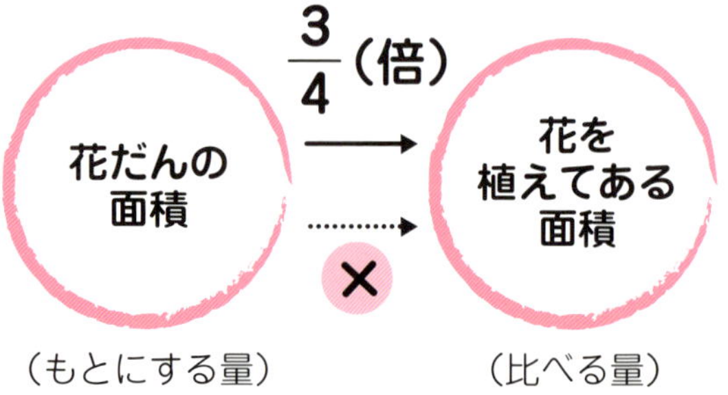

考えやすいように関係図を作って、問題の数値をあてはめてください。

2 数値をあてはめてみると、$16 \times \frac{3}{4}$になるから…

$$16 \times \frac{3}{4} = \frac{\overset{4}{\cancel{16}} \times 3}{\underset{1}{\cancel{4}}} = 12(\text{m}^2)$$

答え **12m²**

分数でも考え方は同じだね

例題 ビンにジュースが800mL入っています。これはビン全体のかさの$\frac{4}{5}$にあたります。びんのかさを求めなさい。

1 「比べる量」を「割合」でわると、「もとにする量」になるんだよ

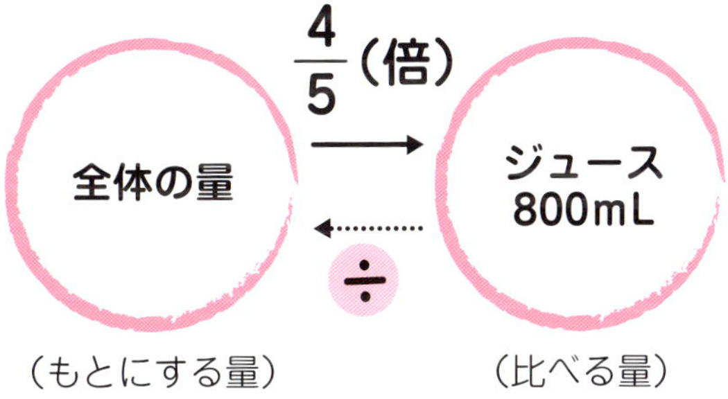

考えやすいように関係図を作って、問題の数値をあてはめてください。

2 数値をあてはめてみると、$800 \div \frac{4}{5}$になるから…

$$800 \div \frac{4}{5} = 800 \times \frac{5}{4}$$

$$= \frac{\overset{200}{\cancel{800}} \times 5}{\underset{1}{\cancel{4}}} = 1000(\text{mL})$$

答え **1000mL**

$800 \div \frac{4}{5}$を計算してみましょう。
もちろん1Lと答えても正解です。

まとめ

- 割合の分数の問題は、関係図を書いて頭を整理する
- 割合の3つの式を復習する

6-5

5年生　円の面積

円の面積は、公式をしっかり整理

円の面積の公式は、「半径×半径×円周率」ですが、これは大人でも実感しづらいものです。まして勉強したての子どもには、とても高いハードルで、定着までにいろいろなミスがともないます。

たとえば、円周の公式「直径×円周率」を習っているので、これと混ざってしまったり、半径が2回あったと記憶しているために「半径×2×円周率」などの間違いをしてしまうことがあります。

また今までは「タテ×横」や「底辺×高さ」など図形の端から端までの長さを使っていたので、うっかり直径を使ってしまうのかもしれません。

そんなときは、円の外側に正方形を書いてみてください。「直径×直径×円周率」とすると、外側の正方形の面積より円の面積が大きくなってしまうことを説明してみましょう。

円周と混同しているときは、単位を考えることで間違いをなくしましょう。

例題　次の円の面積を求めなさい。

円の面積の公式を
覚えているかな？
半径×半径×円周率だね
じゃあ、
半径は何㎝かな？

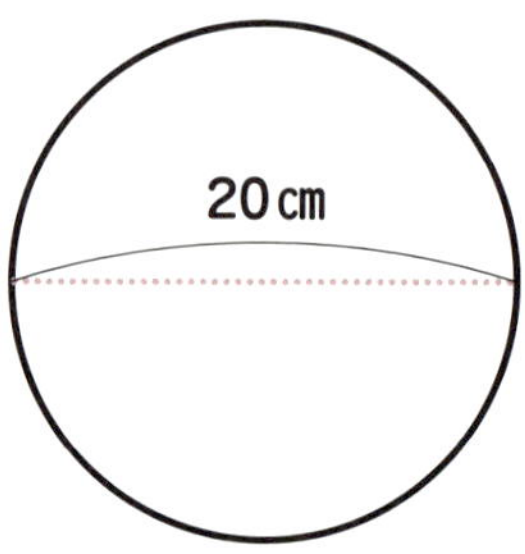

円の面積＝半径×半径×円周率
なので10×10×3.14＝314(㎠)

答え　**314㎠**

円の半径を確認して、公式にあてはめてください。

例題 次の図の面積を求めなさい。

紙に右の図を書き、はさみで切り、分解できるようにしておきます。

1 1辺が20㎝の正方形だね。これをバラバラにすると…

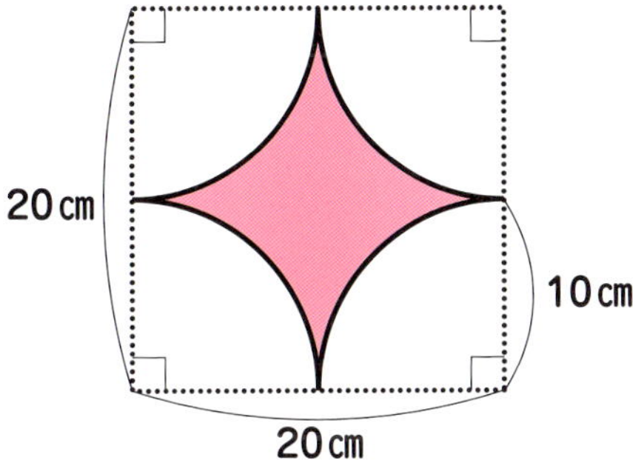

バラバラのパーツを図のようにあわせておきます。

2 この部分を集めると円になるね

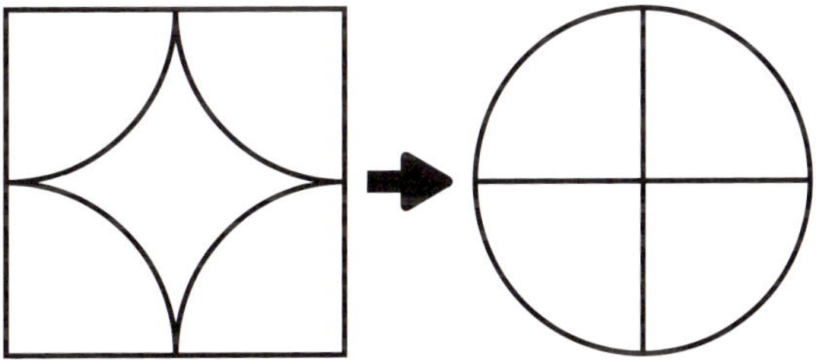

白の部分（4つのパーツ）で、円を作ってみます。

3 求める面積は、正方形から円をのぞいた面積になるんだよ。正方形の面積 20×20（㎠）から円の面積 10×10×3.14（㎠）をひけばいいね

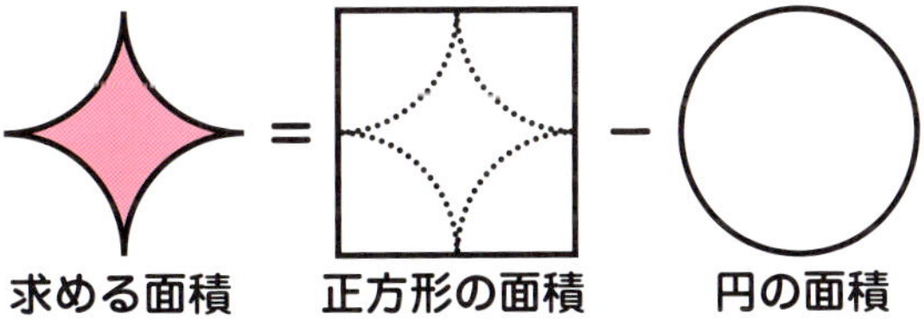

20×20−10×10×3.14
=400−314
=86（㎠）

答え 86㎠

求めたい面積が、正方形の面積から円の面積をひいたものだと理解しましょう。あとは 20 × 20 − 10 × 10 × 3.14 を計算するだけです。

まとめ

- 「円の面積=半径×半径×円周率」という公式を身につける
- 直径と半径を間違えないように気をつける

6-6

6年生　角柱と円柱

底面は平行な面。この理解が重要！

「2つの底面が平行で、形も大きさも同じ図形になっていて、その他の側面が長方形や正方形になっている立体」を角柱といいます。一方「2つの底面は平行で同じ大きさの円になっていて、側面は曲面になっている立体」を円柱といいます。

子どもは、この定義の言葉にひっかかることが多いようです。底面という言葉の「底（そこ）」にこだわって、立体がたおれているときに横の面が底辺だということに納得がいかないことがあります。底面がわからないと、体積を計算することができません。たとえば、下の例題で長方形の面を底面だと勘違いして、それに三角形の高さをかけて体積が計算できたと思う子どももいます。そういった勘違いは円柱より角柱の体積の計算で起こります。**見た目にとらわれず、平行な面に着目して、底面を見つけられるように教えてあげてください。**

例題　この立体の名前は何ですか？底面はどこですか？

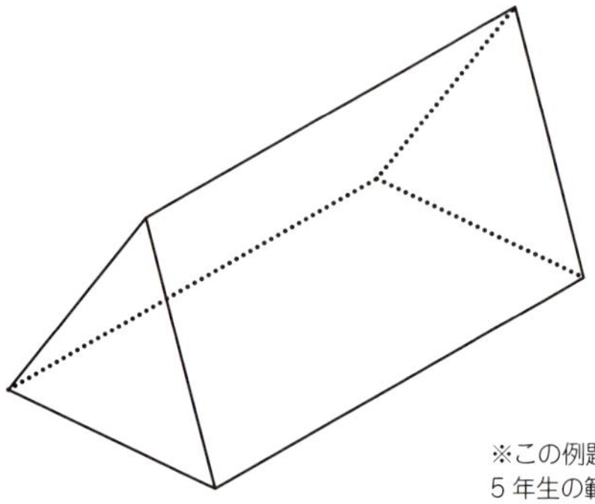

※この例題の内容は5年生の範囲です。

1

2つの三角形が形も大きさも同じで平行になっているね。また、側面がすべて長方形だから、三角柱というんだよ

底面どうしが平行ということなど、立体の特ちょうを図や実際の形を見せながら説明してください。

2

この平行な面が底面で、側面は底面以外の面なんだよ

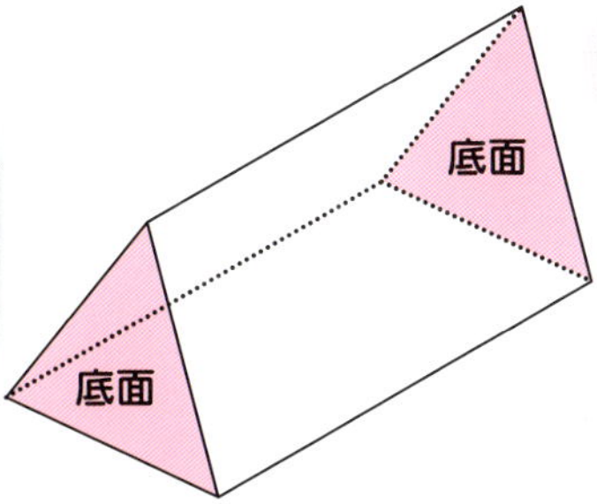

側面は見えていないこともあるぞ

底面は必ずしも下にないことを伝えてください。

答え **三角柱**（底面の位置は上の図を参照ください）

例題 次の三角柱の体積を求めなさい。

1

角柱の体積の公式は底面積×高さだったね。底面はさっきわかったね

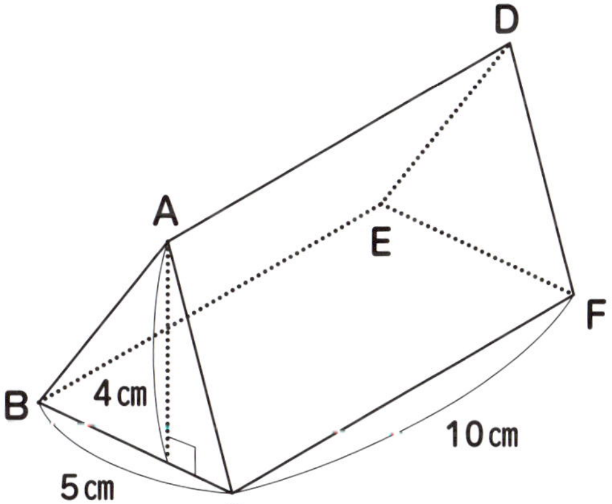

子どもはココで間違える！

長方形 BCFE を底面と考えて
5 × 10 × 4 ＝ 200
答え…200㎤
としないようにしよう

体積は

5×4÷2×10＝100（㎤）
（底面積）（高さ）

答え **100㎤**

まとめ

- 底面をしっかり認識できるようにする
- 実際の立体を見たり、自分で作ることで形を実感する
- 体積の計算では特に底面積に注意する

6-7　6年生　対称な図形

2つに折る、逆さにするが判断の最初

2つに折ったときに折り目の両側がぴったり重なる図形を線対称な図形といい、その折り目の線を対称の軸といいます。線対称な図形は、図形を裏返したときにもとの形にぴったり重なる図形といってもいいでしょう。また、ある点を中心に180度回したときにもとの形にぴったり重なる図形を点対称な図形といい、回転の中心を対称の中心といいます。**点対称な図形の対称の中心は1つですが、線対称な図形の対称の軸は1本とは限りません。その本数は問題としてしばしばたずねられます。**

学校では図形の対称性を調べること以外に、対称な図形を完成させることもおこないます。対称の軸や対称の中心に関して対応する頂点をとることから始めて、図形を完成させましょう。**文字や記号や道路標識など、対称性のあるものはたくさんあります。普段からそういう目で図形を見ると、算数への興味も育ちます。**

例題　次の図形の中から線対称な図形と点対称な図形を選びなさい。

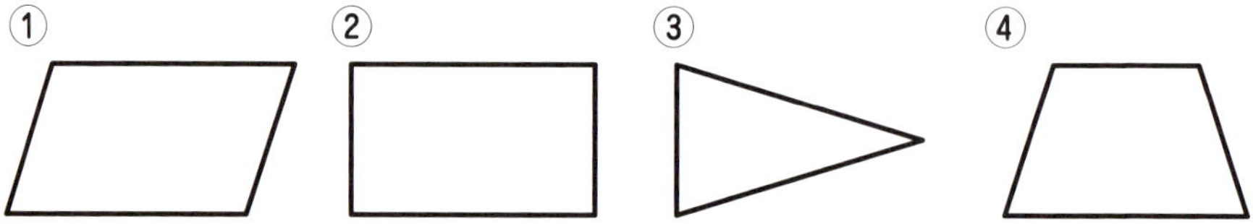

1

線対称な図形はどれかな？2つに折ってぴったり重なる図形だね

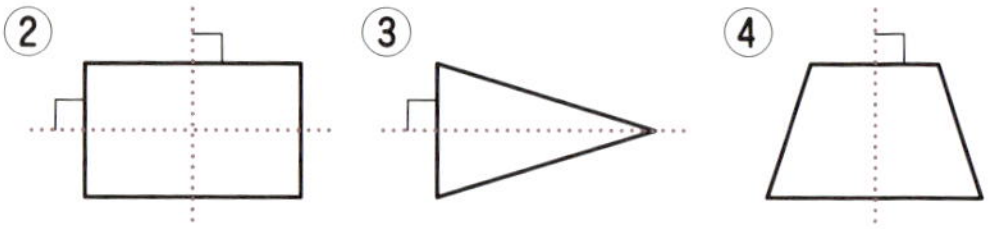

①を線対称と思っている場合は、実際に平行四辺形を紙に書いて切り取って確認しましょう。紙を裏返してもとの図形に重なるかを調べてもいいです。

答え　②、③、④

2

点対称な図形はどれかな？180度回してぴったり重なる図形だね

180度回すと、

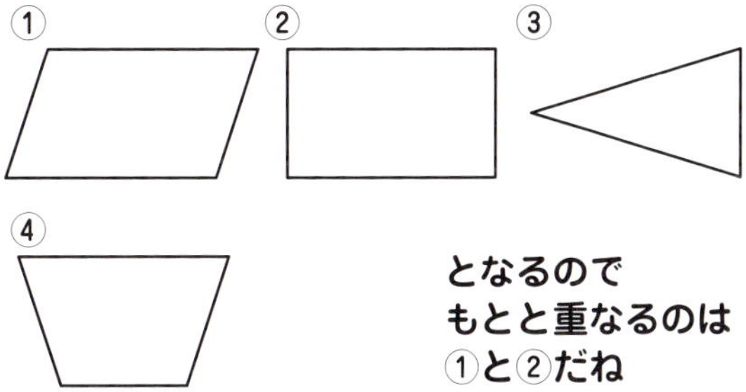

答え ①、②

となるので
もとと重なるのは
①と②だね

例題 直線ABが対称の軸になるように線対称な図形を書きなさい。

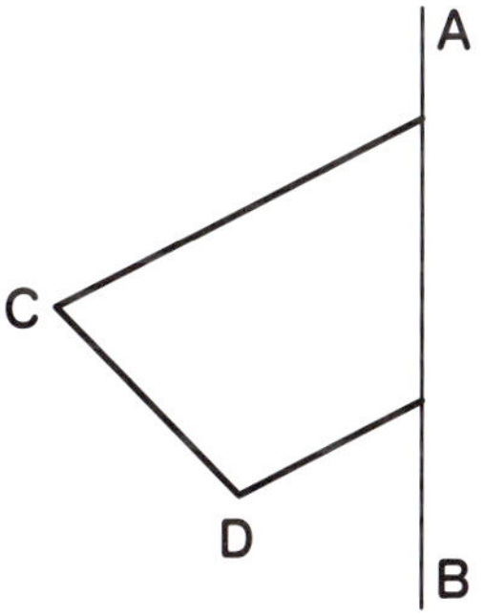

1

頂点C、Dに対応する点を書けばいいよね

C、Dに対応する点をそれぞれF、Eとすると、ABはCF、DEと垂直で、CF、DEのまん中で交わります。

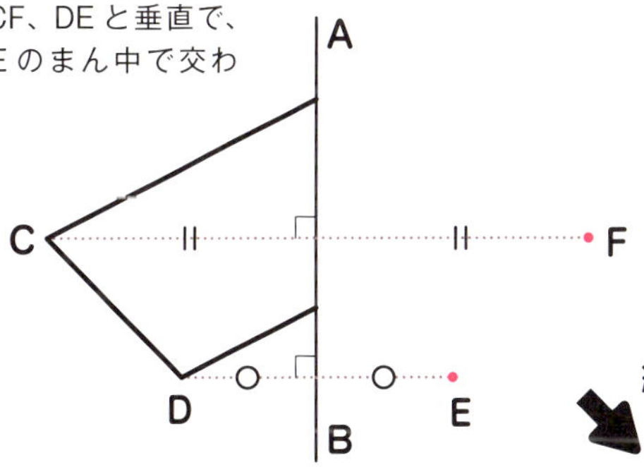

対応する頂点の場所が分かったので、あとはそれらを直線で結べば完成。

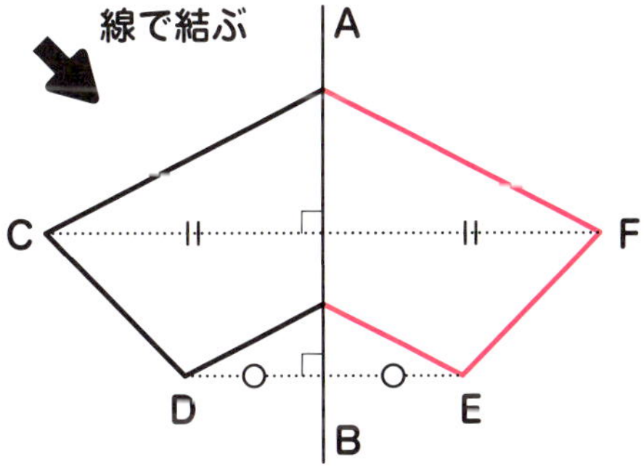

答え **上の図を参照**

まとめ

- 分かりにくいときは実際に紙を折ったり回したりしてみる
- 対称性はいろいろな場面に存在するので、身の回りをさがしてみる

拡大と縮小は方眼紙を用いて練習する

図形を、その形を変えないまま、大きくすることを拡大する、小さくすることを縮小するといい、その結果得られた図形をそれぞれ元の図形の拡大図、縮図といいます。**拡大や縮小をおこなうと、辺の長さはどこも同じ倍率で拡大や縮小されますが、角の大きさは変わりません。**実際に図形を拡大、縮小することでそういう性質を確認の上、体得させてあげましょう。

さて、拡大と縮小というと、数学で勉強した「相似形」や「相似比」を思いうかべるパパとママもいるかもしれませんが、6年生ではそういう言葉はでてきません。中学校では「相似比」で図形を比べますが、6年生では倍率での表記になります。いろいろな違いに注意してください。また、この単元では、拡大や縮小の利用も学びます。実際にははかれない距離をはかるのに、縮図をもとにしてはかり、縮尺倍率に応じて拡大するといった内容です。

例題 次の四角形を、点Bを中心にして2倍に拡大しなさい。

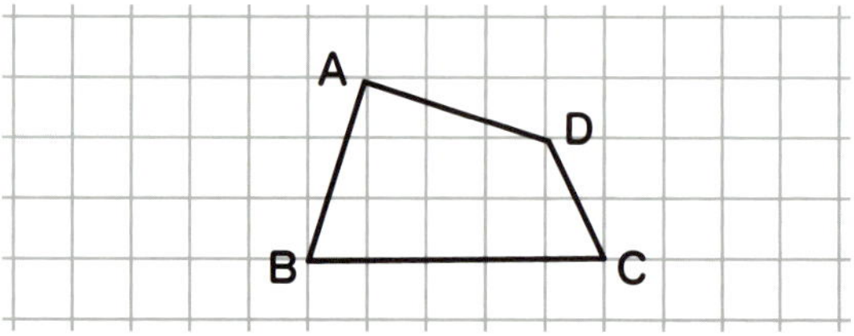

1

Bからの距離が2倍になるようにA、D、Cに対応する点をとればいいんだね

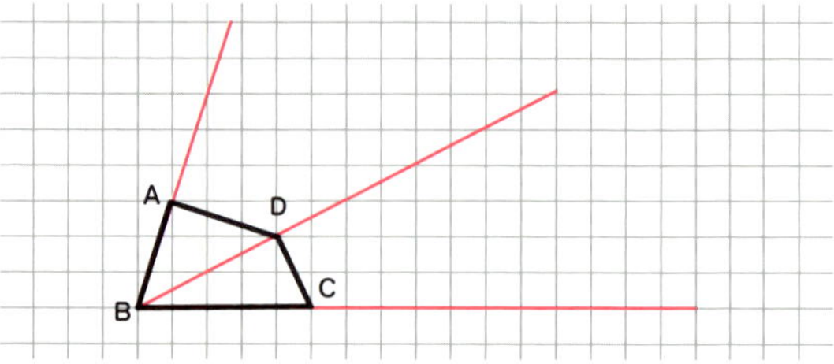

BA、BD、BCを引き延長します。

2

BAを2倍のばすには長さをはからなくてもよかったよ。何を使うかな？そう、コンパスだね

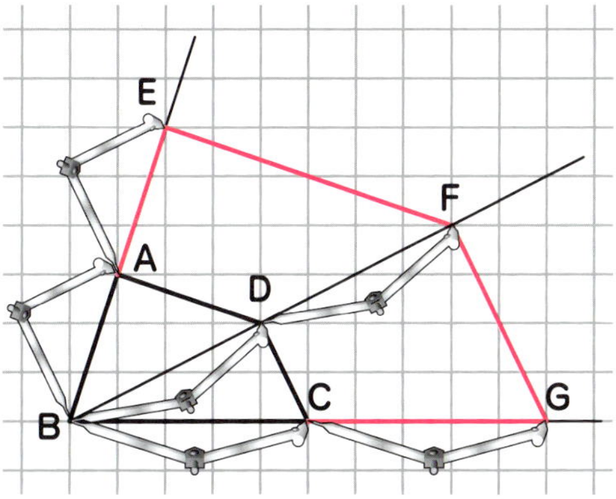

答え **図を参照してください。四角形EBGFが答えです**

※2倍の拡大図を書くのに、平面上に1点Pと決めて、Pからの距離を2倍にのばしたところの点を結ぶ方法があります。これをPを中心に2倍に拡大するといいます。

コンパスを使ってBA＝AE、BD＝DF、BC＝CGとなる点E、F、Gをとり、上のように結びます。E、F、Gが方眼紙の格子上にあることに気づかせてください。

例題

$\frac{1}{10000}$の地図で家から駅までの直線距離が6.4㎝でした。実際は何mでしょう。

1

実際の長さの$\frac{1}{10000}$が6.4㎝なので、6.4㎝を10000倍にすると実際の長さがわかるね

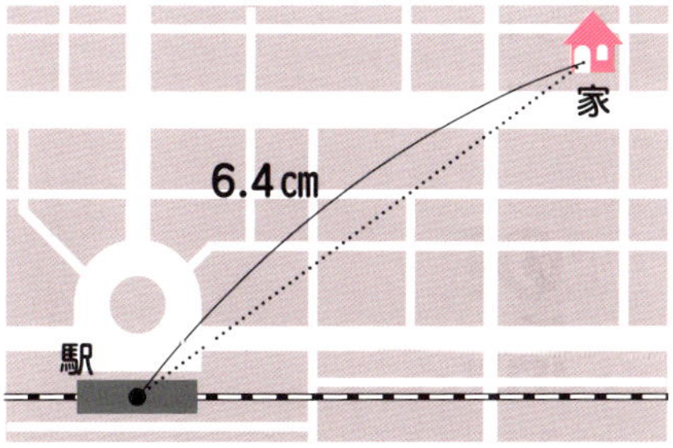

$\frac{1}{10000}$

6.4×10000＝64000（㎝）

64000㎝＝640m

答え **640m**

まとめ

- 拡大または縮小した図形とは、対応する辺の長さはすべて同じ倍率で拡大または縮小され、対応する角の大きさはすべて等しい
- 実際に図を書くことで感覚を養う

ココが教えるポイント！
ちちゅうう〜！

単位の変換はP6の単位ボックスも使ってみましょう。

6-9

6年生 文字式を使った式

文字式は言葉の式の延長だと考えて

「文字を使った式」の学習は、xとyを使って数量の間の関係を表す学習です。つまり、「言葉の式」が「○や△などを使った式」を経て、さらに抽象化された関係式が6年生の「文字を使った式」なのです。なので、**分からなくなったらいつでも「言葉の式」に戻って考える習慣をつけておきましょう。**○や△をxやyに置き換えたらよいのです。

ここでの学習は文字を使って関係を表すことと、できた式に数値をあてはめて（代入して）計算することなどが主です。出てきた式そのものを変形したり計算したりは行いません。これは中学校の範囲になります。

文字を使うと表現が簡潔になり、見やすくなります。また、○や△と違って、文字には固有の意味が持たせられますし、式自体が読みやすくなります。そして、世界で使える関係式になります。子どもがこの学習に疑問を感じたら、こういうことを話してあげてください。

例題 **1冊x円のノートを5冊と150円の下敷きを1枚買います。代金をy円として、xとyの関係を式に表しなさい。**

1 まず、言葉の式を作ってみよう

ノート5冊の値段 ＋ 下敷きの値段

＝ 代金

または、

ノート1冊の値段 ×5 ＋ 下敷きの値段

＝ 代金

でもいいです

2 言葉をx、y、150におきかえればいいんだね

ノート5冊に$x \times 5$、下敷きに150、
代金にyをあてはめて

$$x \times 5 + 150 = y$$

数学では$y = 5x + 150$と答えますが、
今は答えのように書けばOKです。

答え $x \times 5 + 150 = y$

例題

最初の例題のxの値が80、90、100、110のとき、それぞれに対応するyの値を表にまとめなさい。またyの値が800となるxを見つけなさい。

1 表の作るのは順々にあてはめるだけだね

$x = 80$のとき　$80 \times 5 + 150 = 550$より　$y = 550$
$x = 90$のとき　$90 \times 5 + 150 = 600$より　$y = 600$
$x = 100$のとき　$100 \times 5 + 150 = 650$より　$y = 650$
$x = 110$のとき　$110 \times 5 + 150 = 700$より　$y = 700$

2 表からきまりを見つけて、$y = 800$となるxの値を見つけよう

x（円）	80	90	100	110	……
y（円）	550	600	650	700	……

+50　+50　+50

表を見るとxが10ふえると
yは50ふえている

+10　+10

x（円）	110	120	130	……
y（円）	700	750	800	……

+50　+50

答え 表を参照。$y = 800$となるxは130

まとめ

- 文字を使った式が分からないときは言葉の式に戻って考える
- 文字にはいろいろな数をあてはめることができることを知る
- 文字に興味を持たせる

6-10

6年生　比

比は、差ではない別の比べる方法と理解

ここで学習する「比」と次のページの「比例」とは、つながるところはありますが、小学校ではいったん別と考えて教えてください。

「比」は、2つの数量の比べ方として習います。2つの数量を比べるとき、子どもに分かりやすいのは「差」による比較です。しかし、**差による比較がふさわしくなく、さらに2つの量が対等であるために倍率で比べるより大きさの割合を並べて表記したいようなときには「比」が便利です。**テレビの画面の縦横、ケーキを作るときの小麦粉とさとうの重さなどは、そのいい例です。

比の値が等しい比を等しい比といいます。たとえば、3：5と15：25なら比の値が$\frac{3}{5}=\frac{15}{25}$と等しいので、3：5＝15：25となります。ただ、それだとイメージがつかみにくいのなら、**ある大きさをひとくくりにしたときに等しい個数ずつになっているのを等しい比ととらえるように教えてあげてください。**

例題　300mLのジュースと200mLの水があります。ジュースを3とすると水はいくつになりますか？

ジュース300mLを100mLずつ、水200mLを100mLずつ入れたコップを用意してください。

1

ここにね、ジュースと水があるよ。100mLのカップを1と考えるとジュースは3だね

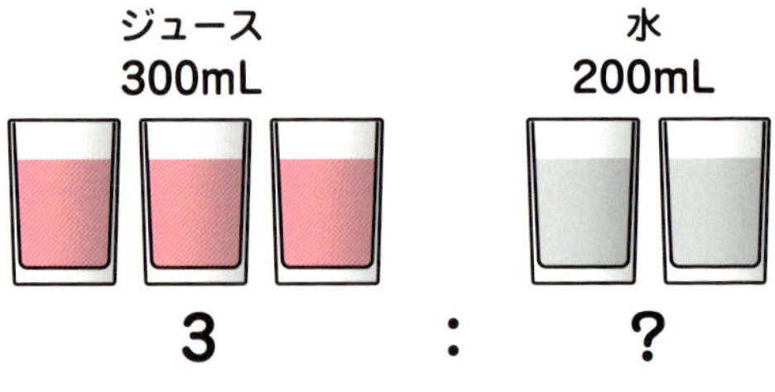

カップの数を目で見て、比の感覚をつかみましょう。

2
水は2つコップがあるから、2になるよ

答え **2**

例題 3:5=6:□

1
比はね、両方に同じ数をかけても、わっても等しいということなんだよ

○：△＝○×□：△×□
○：△＝○÷□：△÷□

※ただし、□は0ではありません。

比の関係式を見せて、比とはどういうことなのか説明してください。分かりにくければ、簡単な数を入れて確認してみましょう。

2
じゃあ問題文の数字をあてはめてみよう。★はいくつになるかな？

3：5＝　6　：　□
3：5＝3×★：5×★

比の関係式に問題文の数値を入れてみます。

3
★は2になるね。そしたら、□はいくつかな？

3：5＝3×2：5×2
3：5＝6：10

★の部分がいくつになるかが分かったので、あとは5×2を計算しましょう。

答え **10**

まとめ

- 比は、差や割合と同じように「2つの量の比べ方」として考える
- 比と差を混同しないようにする
- 等しい比の性質を理解する

比例を利用して量を推測

5−14でも見たように、簡単な場合の「比例」については5年生で既に学習してします。5年生の比例は、表で比例関係を見出すことに主眼がおかれますが、**6年生になると、表以外に式やグラフを用いて比例関係を表現します。**そして、式で表す際に文字x,yを用い、これは中学校での比例をはじめとする関数の学習につながるのです。

6年生の比例の学習では、さらに比例の関係を見出して活用することが求められています。例えば、積み重なった紙の枚数や箱に入ったクギの本数など、均一と考えてよいものの個数を比例を使って計算するといった学習です。その際、何がわかっていたら計算できるかといったことも考えるという点も特徴的です。個数や枚数を重さなどの異種量に置き換えるという点は、発想を要する点です。

例題

同じハガキの束があります。
約何枚あるかを知りたいと思います。
次のうち、どれとどれをつかえば
およその枚数を求められるでしょうか。
また、それをつかって、およその枚数を求めなさい。

(ア)　全体の重さをはかったら 1.92kg だった
(イ)　ハガキ1枚の縦の長さは 15㎝だった
(ウ)　全体の厚さは 12㎝だった
(エ)　10 枚の重さは 40g だった
(オ)　20 枚を重ねた厚さは 5㎜だった
(カ)　ハガキ1枚の横の長さは 10㎝だった

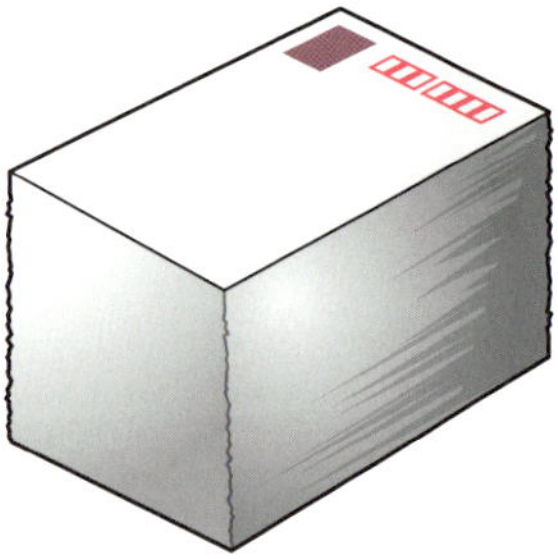

1

ハガキの重さや厚さ、たて、よこの長さのうちハガキの枚数が変わると変化するものは何かな。
そう、重さと厚さだね

⑺～⑻で何がはかられているかを考えて変化するものをとらえます。

2

その関係は？
そう比例だね

3

それならどれとどれを使うかな

答え **アとエまたは、ウとオをつかう**

(ア)と(エ)を使う時、

1.92 kg = 1920 g
1920 ÷ 40 = 48
10 × 48 = 480
…全体の重さは 10 枚のときの重さの 48 倍

(ウ)と(オ)を使う時

12cm = 120mm
120 ÷ 5 = 24
20 × 24 = 480
…全体の厚さは 20 枚のときの厚さの 24 倍

答え **約480枚**

ココが教えるポイント！
でちゅううう～！

算数では必要な情報をえらんで考えることも大切だよと話してあげてください。

まとめ

- 比例は直接測れない量の推測につかえる
- 比例する2量をつかみとる目を養う

6-12

6年生　反比例

比例のあるところに反比例あり。だから注意が必要！

一方が2倍、3倍…となるときに、片方が$\frac{1}{2}$倍、$\frac{1}{3}$倍…となる関係を反比例といいます。ただ日常的には、一方が増加するときに片方が減少するときに、「反比例」という言葉を使うことがありますので、子どもがこのような使い方や勘違いをしていないか注意しましょう。

比例と反比例は真逆のように思えますが、実は比例のあるところに反比例ありで、親戚同士なのです。たとえば、長方形で横の長さを一定にすると、タテの長さと面積は比例しますが、面積を一定にすると横の長さとタテの長さが反比例になります。このように登場人物が同じで何を一定にするかで比例になったり反比例になったりします。このような事情のため、比例や反比例の類別が苦手な子どもも少なくありません。**表を書いたり、言葉の式から$x \times y$＝（決まった数）という反比例の関係式を見いだしたりして、落ち着いて対応する習慣を身につけましょう。**

例題　面積が$24\,\mathrm{cm}^2$の長方形のタテの長さと横の長さは反比例していますか？

1　タテの長さを$x$cm、横の長さを$y$cmとして表にしてみよう

x（cm）	1	2	3	4	6	8	12	24
y（cm）	24	12	8	6	4	3	2	1

xとyを表に入れていきましょう。

2 xが2倍、3倍になると、yは$\frac{1}{2}$倍、$\frac{1}{3}$倍になるから xとyは反比例しているんだよ

2倍　3倍

x (cm)	1	2	3	4	6	8	12	24
y (cm)	24	12	8	6	4	3	2	1

$\frac{1}{2}$倍　$\frac{1}{3}$倍

xが2の2倍の4になるとき、yは12から6へ$\frac{1}{2}$倍になることなどを確認してください。「$\frac{1}{2}$倍」がすぐに分からないときは、いったん「2でわる」をはさんで説明してください。

3 今度はxとyの関係を式にしてみるよ。$x \times y = 24$となり、きまった数24が出てくるから反比例だよ

タテ × 横 ＝ 面積

にあてはめるて、
xとyの関係の式を作ると

$$x \times y = 24$$

反比例の式　$x \times y$＝きまった数になっていることを確認してください。

答え **反比例している**

子どもはココで間違える！

xとyが反比例していると、xが$\frac{1}{2}$倍、$\frac{1}{3}$倍…になるとyは2倍、3倍となるのはいうまでもありません。しかし、これをxとyが逆だと考え反比例だと分からない子どもも少なくありません。もし、こういった間違いをしているなら、表で確認してていねいに教えてあげてください。

まとめ

- 反比例は、表、式のいずれかで判断できるようにする
- 日常的な「反比例」という言い方に注意する
- 同じ量が登場する場合でも何が一定になるかで、他の2量が比例になったり、反比例になったりするので注意する

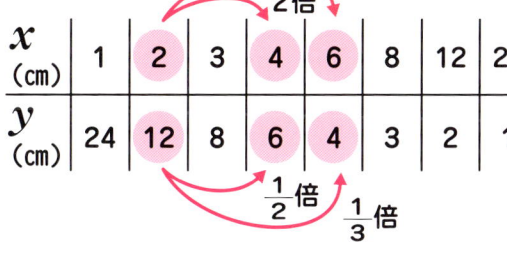

6-13

6年生　場合の数

答えを出すことより順序よく数えたかが大切

「場合の数」というのは、「○○は何通りありますか」と問われる問題のことです。パパとママの中には高校で勉強したことを覚えている人もいるかもしれませんね。しかし、高校の学習とは違い、計算で答えをだすことは原則としておこないません。**６年生の「場合の数」の学習で大切なことは、順序よく、もれなく、重なりなく数えることで、答えそのものより、どうやって数えたかのほうが重要**といっても過言ではありません。子どもが「できた！」といっても、行き当たりばったりでやっていないか、必ず方法を確認してください。

組みあわせの問題の場合には主に表を書き、順列の問題の場合には図（樹形図）を書いて数えます。ふつうの文章問題だったら妥当でない答えがでてきてハッとすることがありますが、場合の数の問題はそういう感覚もききにくいので、ある意味厄介な単元です。

例題

A、B、C、Dの４人がどの人とも1回ずつあたるように腕ずもうをします。とりくみは全部で何通りありますか？

1

誰と誰が腕ずもうをとるか分かるように表にしよう

	A	B	C	D
A				
B				
C				
D				

総あたり戦の表を書きます。

2

じゃあ、とりくみは全部で何通りあるかな？重なりに気をつけて数えよう

	A	B	C	D
A		●	●	●
B			●	●
C				●
D				

ＡとＢのとりくみとＢとＡのとりくみが同じように対角線をはさんで同じとりくみがあります。

答え　6通り

例題　遊園地に行って回転木馬、空中ブランコ、ジェットコースターに乗ります。乗り物に乗る順番は全部で何通りありますか？

1

乗り物の名前が長いから㋕、㋗、㋛としよう。1番目に乗る乗り物からきめていくよ

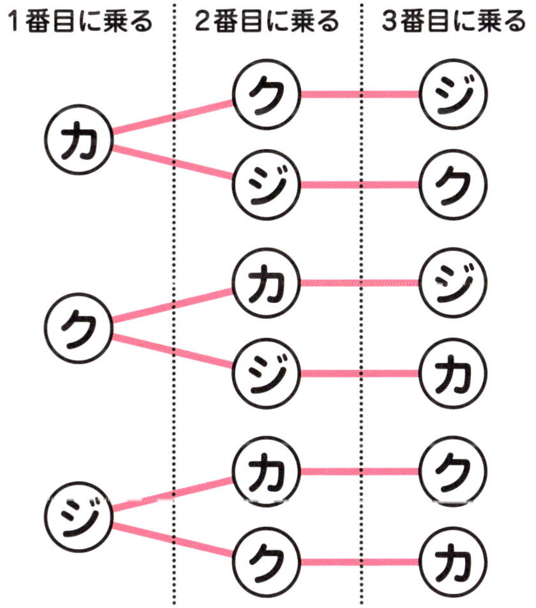

枝分かれの図が分かりにくいならカークージ、カージークのように6本並べてください。辞書と同じ順に書いていくといいでしょう。

答え　6通り

まとめ

- 場合の数で大切なのは「順序よく、もれなく、重なりなく」
- 表や図を使い分けて数える
- 選ぶ問題（組みあわせ）と並べる問題（順列）がある

6-14

6年生 ドットプロットと代表値

データを調べる時には平均値以外にも注目!!

ここで紹介するドットプロットについてはパパとママも学校で習った経験がないかもしれません。ドットプロットとは、数直線の上部に点を打っていくことで、その数直線上の値にどれほど物や人が関連しているかを示す図になります。

ドットプロットに直すことで、データの最頻値や中央値が見やすくなります。最頻値とはそのデータの中で最も多い値、中央値とは大きさの順に並べた時のちょうど真ん中の値です。中学校ではそれぞれ、モード、メジアンと言われます。データの特徴を捉えるものとして、平均値とともにデータの代表値として重要です。**ついつい平均値を気にしがちですが、平均値で考えるより他の代表値を用いる方が適切なことも多いです。**例えば順位に意味のある時には中央値が大切ですし、売れ筋の靴のサイズなどを知りたいなら最頻値が大切です。

例題 次の表からドットプロットをつくりなさい。また、中央値、最頻値を求めなさい。

6年1組 25人が1ヶ月に読んだ本の冊数

番号	冊数(冊)	番号	冊数(冊)	番号	冊数(冊)	番号	冊数(冊)	番号	冊数(冊)
①	4	⑥	4	⑪	6	⑯	9	㉑	7
②	8	⑦	11	⑫	13	⑰	3	㉒	2
③	1	⑧	4	⑬	0	⑱	4	㉓	9
④	7	⑨	6	⑭	7	⑲	1	㉔	4
⑤	5	⑩	10	⑮	3	⑳	5	㉕	5

1 ドットプロットを書くから、まずは数値線を書こう

データの最小値と最大値に注目してそのはばで数値線を書きます。

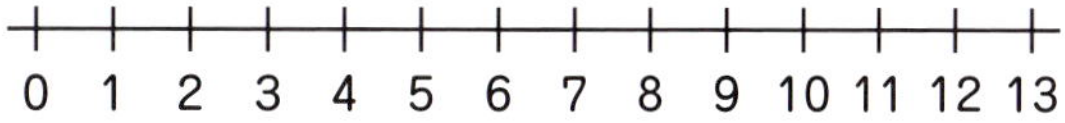

2 それぞれの目盛りの上に番号を囲んだ●をかいていこう

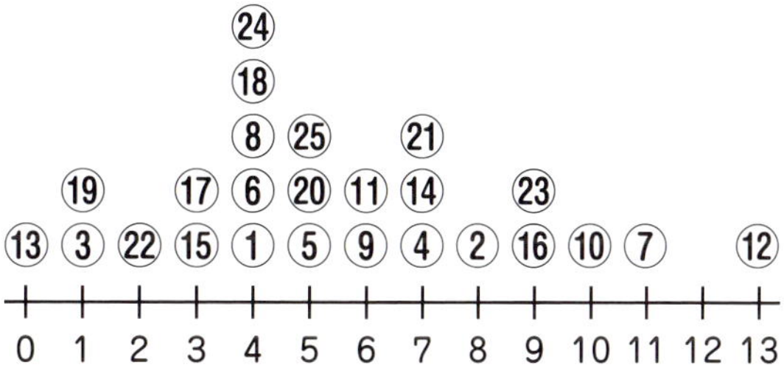

3 中央値は読んだ冊数を多い順から並べた時のちょうど真ん中の冊数だね。だから何番目の人かな

25 人は奇数なので多い方から 13 番目の人の冊数が中央値になる。13 番目がすぐにわからない時は両側から数えます（偶数人の時は真ん中の二人の平均になります）

4 最頻値はドットが多い所だからすぐわかるね

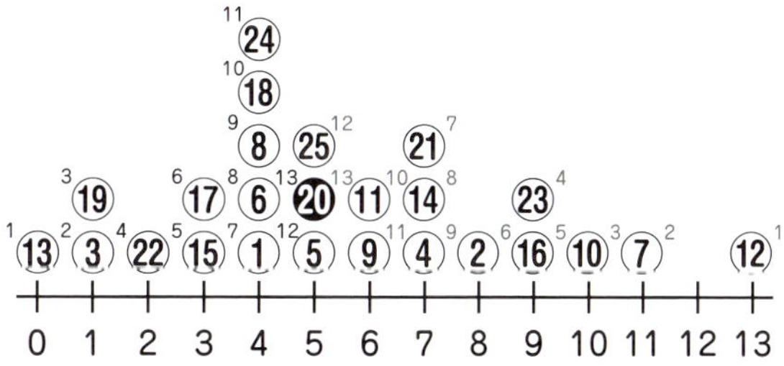

中央値…5 冊

答え **最頻値…4 冊**

まとめ

●表を整理してドットプロットをかくと中央値や最頻値がすぐわかる

注意しようでチュウ〜

ドットプロットの書き方として①②などの番号を入れずに●を入れることもあります。

6-15

6年生　資料の整理

柱状グラフと棒グラフを間違えないようにしよう

資料を一定の幅で区切って、それぞれの区間にある資料の個数を棒状のグラフにして表したものを柱状グラフまたはヒストグラムといいます。教科書では「ちらばりの様子がよく分かるようなグラフ」としてその特徴が述べられています。

これまで学習してきた棒グラフは、子どもとそれぞれが持っているカードの枚数のように、各項目に対してその個数を対応させるようなグラフでした。その形状から両者は混同されがちですが、似て非なるものです。まず、棒グラフは棒が離れていて、柱状グラフは棒がくっついています。それに棒グラフはそれぞれの棒の真下に項目が書かれますが、柱状グラフは棒の境界の下に数値が書かれます。別個の項目に対して棒を書くので棒グラフは離れていていいのですが、柱状グラフは連続した数値の幅を「以上」と「未満」でいくつかの区間に区切っただけなので、棒は横とつながるのです。

例題　あるクラス30人（番号①～㉚）の身長は次の表のようになっています。身長を5㎝ごとに区切った表を作り、それをもとに柱状グラフを書きなさい。

番号	身長（㎝）	番号	身長（㎝）	番号	身長（㎝）	番号	身長（㎝）	番号	身長（㎝）
①	155.5	⑦	163.4	⑬	142.6	⑲	153.8	㉕	148.8
②	149.5	⑧	160.3	⑭	145.8	⑳	140.0	㉖	144.1
③	158.8	⑨	165.9	⑮	150.6	㉑	150.3	㉗	147.5
④	139.8	⑩	144.9	⑯	153.6	㉒	145.3	㉘	141.8
⑤	146.4	⑪	129.5	⑰	148.8	㉓	135.4	㉙	147.3
⑥	154.8	⑫	149.1	⑱	157.1	㉔	165.8	㉚	154.3

1

5cmごとに区切った表に人数を書き入れていくよ。「正」を使って数えると分かりやすいよ

「正」の字で5になるね

クラスの身長

身長(cm)	人数(人)	
125以上～130未満	一	1
130　～　135		0
135　～　140	丅	2
140　～　145	正	5
145　～　150	正止	9
150　～　155	正一	6
155　～　160	下	3
160　～　165	丅	2
165　～　170	丅	2
合計		30

2

今度はこれを柱状グラフにしてみよう

クラスの身長

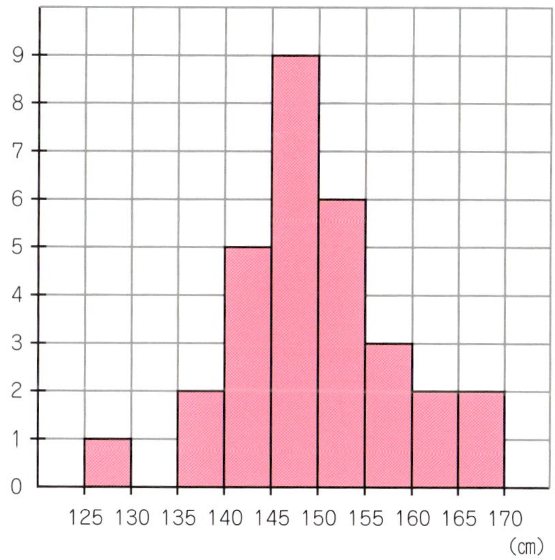

答え **図を参照ください**

まとめ

- 資料のちらばりの様子を知るには柱状グラフが適している
- 棒グラフと柱状グラフの違いを知っておこう

監修　牛瀧文宏

1962年兵庫県生まれ。
大阪大学理学部数学科卒業。
同大大学院博士課程修了。理学博士。
現在、京都産業大学理学部教授。
著書に『快感！ 算数力』（講談社）、
監修に『ドラゴン桜式 算数力ドリル』（講談社）、
共著に『小中一貫（連携）教育の理論と方法』
（ナカニシヤ出版）など多数。
専門はトポロジーという数学。
最近は近畿圏を中心に、
自治体の教育改革（算数・数学）のお手伝いや
教員対象の研修や講演も数多くこなしている。
ピアノとクラッシック音楽と猫が大好き。

STAFF

イラスト●**浅羽壮一郎**
デザイン●**中西成嘉（弐吉）**
編集●**子ども学力向上研究会**
　　株式会社niko works
　　有限会社I.C.E
制作●**株式会社niko works**

おうちで完全マスター！
「算数の教え方」がわかる本　新装版
小学校6年間・全学年に対応

2023年　11月30日　　第1版・第1刷発行
2025年　4月15日　　第1版・第2刷発行

監　修　牛瀧 文宏（うしたき ふみひろ）
著　者　子ども学力向上研究会
　　　　（こどもがくりょくこうじょうけんきゅうかい）
発行者　株式会社メイツユニバーサルコンテンツ
　　　　代表者　大羽 孝志
　　　　〒102-0093 東京都千代田区平河町一丁目1-8
印　刷　株式会社厚徳社

◎『メイツ出版』は当社の商標です。

ご意見・ご感想はホームページから承っております。
ウェブサイト　https://www.mates-publishing.co.jp/

企画担当：折居かおる／清岡香奈

※本書は2019年発行の『おうちで完全マスター！「算数の教え方」がわかる本 改訂版 小学校6年間・全学年に対応』に加筆・修正を行い、装丁を変更した「新装版」です。